어휘가 보여야
문해력이 자란다

문해력 잡는
초등 어휘력

예비 단계 ①

· 예비 초등~초등1학년 ·

초등교과서에 나오는 과목별 학습개념어 총망라
★ 문해력 183문제 수록! ★

아울북

> **모르는 말이 없는데 말귀를 못 알아듣고 문제를 못 풀어요.**

자녀의 초등학교 입학을 앞둔 학부모의 가장 큰 고민 중 하나입니다. 이는 낱말과 낱말의 상관관계에 대한 이해, 즉 어휘력과 문해력이 부족해서 생기는 문제입니다. 그래서 '초등학교 공부의 시작은 어휘 공부'라고 해도 과언이 아닙니다.

〈문해력 잡는 초등 어휘력〉 예비 단계는 다음과 같이 체계적인 구성으로 미취학 아동의 어휘력을 키워 줍니다.

▸ 사고력 훈련
6~7세의 미취학 아동이 전형적으로 경험하는 '현실과 현상에 대한 이름 짓기'를 중심으로 구성했습니다. 특히 아동의 사고 발달에 필수적인 동작 어휘와 동작 어휘의 연관 어휘를 기본 어휘와 확장 어휘에 넣어 사고력 훈련이 되도록 했습니다.

▸ 언어의 확장 훈련
도입부를 만화로 구성해 어휘 학습을 쉽게 시작할 수 있습니다. 기본 어휘들로부터 비롯되는 확장 어휘들을 다루고, 중요한 우리말 어휘는 물론 관련 기초 한자와 한자어도 소개했습니다.

▸ 외우지 않고도 기억할 수 있는 워크북
① 현상에서 언어로, ② 바탕말에서 확장어로, ③ 문장 이해에서 문해력 발달로 세 가지 기준에 입각하여 단순히 읽는 책이 아닌 활동하는 워크북으로 만들었습니다. 따라서 외우지 않고도 어휘와 그 뜻을 기억할 수 있습니다.

▸ 두 달로 마치는 초등학교 입학 준비 프로그램
각 권별로 교과서에 나오는 300~400개의 어휘, 1,500개의 단어가 수록되어 있습니다. 한 개 어휘에 대해서 반드시 3~4회 이상의 반복 학습이 이루어지도록 구성했습니다.

정춘수 기획위원

어휘력부터 문해력까지, 한 권으로 잡기

01 기본 어휘를 익혀요.

02 확장 어휘와
한자 어휘를 익혀요.

03 문제를 풀며
어휘 실력을 다져요.

04 놀이로
어휘를 기억해요.

05 '생각이 톡톡'으로
문해력을 키워요.

와 초능력으로
공부하더니
1등 했구나!

차례

먹다

맛있는 감자, 어떻게 먹지?

맛있는 감자, 익혀 먹고, 식혀 먹고, 나눠 먹자.

익혀 먹고, 식혀 먹고, 나눠 먹고
먹는 방법도 가지가지야.

맞는 말에
O표 해 봐.

앗 뜨거워!

식혀
먹어야지.

이것도
껍질 벗겨
주세요.

맛있는 감자 어떻게 먹지?

(익혀 | 날로) 먹어야지.

뜨거운 감자 어떻게 먹지?

(데워 | 식혀) 먹어야지.

차갑게 식은 감자 어떻게 먹지?

(데워 | 식혀) 먹어야지.

동생도 먹고 싶다는데 어떻게 하지?

(몰래 | 나눠) 먹어야지.

먹다

■ **익혀 먹다**[이켜먹따]
불에 삶거나 찌거나
구워 먹다.
■ **식혀 먹다**[시켜먹따]
뜨겁지 않게 해서 먹다.
■ **나눠 먹다**
여럿이 갈라 먹다.
■ **날로 먹다**
익히지 않고 먹다.

그럼 맛있는 과일은 어떻게 먹어야 할까?

어울리는 것끼리
선을 그어 봐.

사과는 껍질을 •   • 벗겨 먹어

딸기는 물에 •   • 씻어 먹어

바나나는 껍질을 •   • 깎아 먹어

> **정답** 104쪽

먹다

맛있는 감자, 익혀 먹고, 식혀 먹고, 나눠 먹자.

7

식당들이 많이 모여 있지?

이런 곳이 먹자골목이야.

먹자골목에는 사람들이 먹을 수 있는 게 아주 많아.

사람들이 먹을 수 있는 건 먹을 거 리 .

그럼 강아지가 먹는 건 뭐라고 할까?

동물들이 먹는 건 먹을거리가 아니라 먹 이 야.

입안에도, 양손에도 만두가 가득.

정신없이 먹고 있는 아이가 보이니?

많이 먹는 사람을 놀릴 때 먹 보 라고 해.

나 먹보 아냐!

먹-

- **먹자골목**
  음식점이 많이 있는 골목.
- **먹을거리**
  사람이 먹는 온갖 것.
- **먹이**
  동물들이 먹는 것.
- **먹보**
  많이 먹는 사람을 놀려서
  부르는 말.

사람들이 먹을 수 있는 건 ·	· 먹보
사람이 아닌 동물들이 먹는 건 ·	· 먹을거리
많이 먹는 사람을 놀리는 말은 ·	· 먹이

감자랑 과일만 먹는 게 아니야.

봄, 여름, 가을, 겨울 지나

해가 바뀌면 나이를 먹지.

나이를 먹다.

넌 몇 살 먹었니?

(   ) 살

'나이'만 먹는 게 아니야.

동생이랑 친구들이랑 안 싸우겠다고

굳게 마음도 먹지.

마 음 먹다.

한번 마음먹은 일은 꼭 지켜야지.

'마음'만 먹는 게 아니야.

신나는 체육대회,

열심히 달리면 1등을 먹지.

1등을 먹다.

초등학교에 들어가 열심히 공부하면

100점도 □□ 수 있어. (먹을 | 마실)

먹다

- **나이를 먹다**
  어떤 나이가 되다.
  나이가 많아지다.
- **마음먹다**
  어떻게 하려는 마음을 가지다.
- **1등을 먹다**
  1등을 하다.

> 정답 104쪽

9

어휘 확인

1 서로 어울리는 것끼리 짝 지으세요.

자, 너도 먹어.

후후우!

깎아 먹다 나눠 먹다 식혀 먹다

---

2 다음 중 '먹다'의 짝꿍이 <u>아닌</u> 낱말은 무엇일까요? (　　)

① 먹을거리

우리들은 사람들이 먹는 먹을거리.

② 먹물

에잇! 나의 먹물을 받아라.

③ 먹보

나처럼 많이 먹는 사람이 먹보야.

④ 먹이

먹이 먹어라.

10

3 다음 빈칸에 공통으로 들어가는 말을 오른쪽에 바르게 써 보세요.

1) 과일은 깨끗이 씻어 ☐어야 해.

2) 내가 두 살 더 ☐었으니까 언니라고 불러.

3) 한번 마음☐은 일은 꼭 지켜야지.

---

4 다음 빈칸에 있는 글씨를 예쁘게 따라서 써 보세요.

맛있는 감자, 어떻게 먹지?

익 혀 먹고, 식 혀 먹고,

벗 겨 먹고, 나 눠 먹자.

---

5 다음 빈칸에 알맞은 말을 예쁘게 써 보세요.

먹을거리들이 많은 ☐자골목

꼭 하겠다고 생각하는 건 마음☐기

11

입

먹을 때 꼭 필요한 입

먹을 때 꼭 필요한 건 뭘까?

당연히 나지. 내가 있어야 맛있는 음식을 꼭꼭 씹어 먹을 수 있어.

사과

이

내가 있으니까 이도 있는 거야. 내가 없으면 이가 어디 붙어 있겠어?

잇몸

아무리 맛있는 걸 먹으면 뭐해? 내가 없으면 무슨 맛인지 알 수가 없는걸.

내가 없으면 음식을 먹기도 전에 다 흘리고 말걸?

혀

입술

아냐! 내가 더 필요해.

무슨 소리.

툭 탁 툭 탁

모두 조용히 해 봐. 내가 씹어야 음식이 제 맛이 난다고.

그럼, 그럼!

충치

치약

칫솔

쿵

저건 뭐지?

뭐?

앗! 치약이다.

기다려.

이, 잇몸, 혀, 입술이 없으면 음식을 먹을 수 없어.

입은 음식을 먹을 때 어떤 일을 할까?

> 선 긋기야, 알지?

이가 있어야 • • 음식의 맛을 알 수 있어.

잇몸이 있어야 • • 음식을 흘리지 않고 먹을 수 있어.

혀가 있어야 • • 음식을 꼭꼭 씹어 먹을 수 있어.

입술이 있어야 • • 이가 튼튼하게 서 있을 수 있어.

입이 들어간 낱말에는 무엇이 있을까?

> 맨입에 반찬만 먹으니까 그렇지.

> 엄마, 너무 짜요.

맛있는 걸 보면 **입맛**이 당기지.

그렇다고 **맨입**에 반찬만 먹으면

당연히 짜지.

이때는 물로 **입가심**을 해 봐.

> 맞는 말에 ○표 하기!

입안을 깨끗이 씻어 내는 건?　　(맨입 | **입가심**)

입에서 느끼는 맛은?　　(맨입 | **입맛**)

아무것도 먹지 않은 입은?　　(**맨입** | 입가심)

입

- **잇몸 [인몸]**
  이뿌리를 감싸고 있는 살.
- **입맛**
  음식을 먹을 때 입에서
  느끼는 맛.
- **맨입**
  아무것도 먹지 않은 입.
- **입가심**
  어떤 것을 먹어 입안을
  깨끗하게 하는 것.

> 정답 104쪽

입　　이, 잇몸, 혀, 입술, 입맛, 맨입, 입가심

이에 이름표를 달아 주자.

'이'가 낱말의 끝에 올 때는 '니'라고 쓰고 '니'라고 읽어.

 젖먹이 때 난 이는 │젖│니.

 송곳처럼 뾰족뾰족 생긴 이는 │송││곳│니.

 송곳니 안쪽에 있는 큰 이는 │어││금│니.

또 다른 이도 있어.

입 밖으로 튀어나온 앞니는 **뻐드렁니**.

이 위에 하나 더 난 이는 **덧니**.

이가 다 **빠지면** 끼는 이는 **틀니**.

선 긋기야.

．　　　　　．　　　　　．

．　　　　　．　　　　　．

뻐드렁니　　　　덧니　　　　틀니

-니

▪ **젖니[전니]**
　어린 아이 때 쓰다가
　빠지는 이.

▪ **송곳니**
　앞니와 어금니 사이에
　있는 뾰족한 이.

▪ **어금니**
　음식을 잘게 부수는 일을
　하는, 송곳니 안쪽에 있는
　큰 이.

▪ **뻐드렁니**
　밖으로 튀어나온 앞니.

▪ **덧니**
　정상적으로 난 이 곁에
　포개어 난 이.

▪ **틀니**
　이가 빠지고 없을 때
　인공으로 만들어 잇몸에
　끼웠다 뺐다 하는 이.

저런, 이가 썩었네.

이가 썩어 치과에 안 가려면

매일매일 양치를 해야 해.

양치는 칫솔에 치약을 발라서 하지.

이를 닦을 때 쓰는 솔은 칫솔,

이를 닦을 때 쓰는 약은 치약,

이를 닦는 것은 양치한다고 하지.

치과, 양치, 칫솔, 치약은

모두 한자 '치'가 들어가는 낱말이야.

이 치(齒).

맞는 말에 ○표 하기!

양치를 안 해서 썩은 이를 뭐라고 하지?	(충치 │ 염치)
충치가 안 생기려면 무엇을 잘 해야 하지?	(음치 │ 양치)
충치가 생기면 어떤 병원으로 가야 하지?	(치과 │ 안과)

충치가 생기면 이가 아파.

이가 아픈 건 치통.

이가 아파 치과에 안 가려면 333을 기억해.

하루 3번, 밥 먹은 뒤 3분 안에, 3분 동안 양치하기.

잊지 마.

齒
이 치

▪ **치과**(齒 科과목 과)
이나 잇몸에 난 병을
치료하는 병원.

▪ **양치**(養다스리다 양 齒)
이를 닦고 물로 깨끗하게
하는 것.

▪ **칫솔**
이를 닦는 데 쓰는 솔.

▪ **치약**(齒 藥약 약)
이를 닦는 데 쓰는 약.

▪ **충치**(蟲벌레 충 齒)
벌레 먹어 상한 이.

▪ **치통**(齒 痛아프다 통)
이가 몹시 아픈 증상.
(=이앓이)

> 정답 104쪽

 어휘 확인

1 설명이 맞으면 O표, 틀리면 ×표 하세요.

1) 이가 있어야 음식을 씹을 수 있어.　　　　　　　(　)

2) 혀는 음식의 맛을 알게 해 주지.　　　　　　　(　)

3) 충치는 먹을 때 꼭 중요한 이 중 하나야.　　　(　)

4) 잇몸이 있어야 이가 튼튼하게 서 있을 수 있어.　(　)

2 다음 중 우리 몸에서 저절로 나는 이가 <u>아닌</u> 것은? (　)

① 뻐드렁니

② 틀니

③ 젖니

④ 덧니

3 '이 치(齒)' 자가 들어간 낱말 징검돌을 모두 찾아 ○표 하세요.
그러면 충치 벌레를 잡을 수 있어요.

충치 벌레가 어디 숨었지?

치과	양치	멸치
망치	치약	음치
김치	참치	충치

나 잡아 봐라.

4 다음 빈칸에 있는 글씨를 예쁘게 따라서 써 보세요.

· 양치를 안 하면 [충][치] 가 생겨.

· 충치가 생기면 [치][과] 에 가야 해.

5 다음 빈칸에 알맞은 말을 예쁘게 써 보세요.

· 하루 3번, 밥 먹은 뒤 3분 안에, 3분 동안 양[ ]하기.

· 양치를 한 다음엔 물로 개운하게 [ ]가심을 해.

식(食)

원시인 가족의 식사

식사, 식탁, 식기, 식수의 공통점은 뭐지?

먹을 때 많이 쓰는 낱말은 뭐가 있을까?

맞는 말에 O표 하기

아침, 점심, 저녁밥을 먹는 건?   (식수 ㅣ 식사)

먹을 것을 차려 놓는 탁자는?   (식탁 ㅣ 식기)

먹을 것을 담는 그릇은?   (식기 ㅣ 식수)

먹을 수 있는 물은?   (식사 ㅣ 식수)

먹을 것을 만드는 데 쓰는 기름은?   (식기 ㅣ식용유)

食
먹다 식

- **식사**(食 事일사)
  밥을 먹음.
- **식수**(食 水물수)
  먹는 물.
- **식탁**(食 卓탁자탁)
  음식을 먹는 데 쓰는 탁자.
- **식기**(食 器그릇 기)
  음식을 담는 그릇.
- **식용유**(食用 油기름 유)
  음식을 만들 때 쓰는 기름.
- **식인종**(食人 種종족 종)
  사람을 잡아먹는 인종.
- **식중독**(食中 毒독독)
  상한 음식을 먹고
  생기는 병.

와! 모두 '식' 자가 들어 있네!

지금까지 나온 '식' 자는 모두, 먹다 식(食).

그래서 '식(食)' 자가 들어간 낱말은

대부분 먹을 것과 관계가 있지.

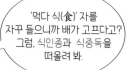

'먹다 식(食)' 자를
자꾸 들으니까 배가 고프다고?
그럼, 식인종과 식중독을
떠올려 봐.

사람을 잡아먹는 인종   •   • 식중독

상한 음식을 먹으면 걸리는 병은   •   • 식인종

> 정답 104쪽

먹다   식탁, 식기, 식사, 식수, 식용유, 식중독, 식인종

코끼리와 호랑이가 서로
바꿔 먹으면 될 텐데.

호랑이나 사자는
고기만 먹는 육 식 동물.

코끼리나 토끼는
풀만 먹는 초 식 동물.

그럼 돼지는?
돼지는 고기나 풀을 가리지 않고 다 먹는
 잡 식 동물이야.

이번에는 먹다 식(食) 자로 끝나는 낱말이야.

집 밖에 나가서 먹는 건 **외식**,
좋아하는 거, 싫어하는 거 가리며 먹는 건 **편식**,
맛있다고 배가 터지도록 많이 먹는 건 **과식**.

食
먹다 식

- **육식**(肉고기육 食) **동물**
  고기를 먹고 사는 동물.
- **초식**(草풀초 食) **동물**
  풀을 먹고 사는 동물
- **잡식**(雜섞이다잡 食) **동물**
  고기나 풀을 다 먹고 사는
  동물.
- **편식**(偏치우치다편 食)
  어떤 음식을 특별히
  가려서 먹는 것.

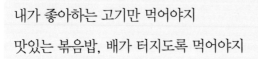

내가 좋아하는 고기만 먹어야지 •		• 과식
맛있는 볶음밥, 배가 터지도록 먹어야지 •		• 편식

맛있는지 맛없는지

시험 삼아 먹어 보는 건

시 식 .

맛있는지 맛없는지

시험 삼아 마셔 보는 건

시 음 .

마시는 건 한자로 '음'이야.

마시다 음(飮).

마실거리는 음료.

아빠가 술을 마시는 것은? 음주

또 선 긋기.

밥을 많이 먹는 건 ·		· 과음
술을 많이 먹는 건 ·		· 과식

우리가 매일 먹고 마시는 건,

마시다 음(飮), 먹다 식(食) 음 식 .

빈칸에 들어갈
말에 O표 하기!

□□ □□은 가족과 이별하는 행위입니다.

(과식 운전 | 음주 운전)

飮

마시다 음

■ **시식**(試시험 시 食)
음식 맛을 보려고 시험
삼아 조금 먹어 보는 것.

■ **시음**(試飮)
음료의 맛을 보려고 시험
삼아 조금 마셔 보는 것.

■ **음식**(飮食)
사람이 먹고 마시는 것.

■ **음료**(飮 料재료 료)
마실거리.

■ **음주**(飮 酒술 주)
술을 마심.

■ **과음**(過지나치다 과 飮)
술을 지나치게 많이 마심.

> **정답** 104쪽

21

1 서로 어울리는 것끼리 짝 지으세요.

식탁

식수

식기

2 끊어진 울타리를 이어서 초식 동물과 육식 동물을 나누어 보세요.

초식 동물   육식 동물

3 다음 중 '먹다 食(식)' 자가 들어간 낱말이 <u>아닌</u> 것은? (   )

① 편식

편식하지 말랬지.

② 잡식 동물

나는 아무거나 잘 먹는 잡식 동물.

③ 시식

시식해 보세요.

50% 세일

④ 식목일

4월 5일은 식목일.

---

4 다음 빈칸에 있는 글씨를 예쁘게 따라서 써 보세요.

· 원시인 가족이 식탁에 앉아 | 식 | 사 | 를 하고 있어.

· 호랑이는 | 육 | 식 | 동물, 코끼리는 초식 동물

---

5 다음 빈칸에 각각 알맞은 말을 예쁘게 써 보세요.

· 좋아하는 거, 싫어하는 거 가리며 먹는 건 편 [ ]

· 밥을 많이 먹는 건 과식, 술을 많이 마시는 건 과 [ ]

밥

어떤 밥이 되고 싶니?

쌀 반

모두 돌아가며
장래 희망을 말해 보세요.

쌀 반   보리반   조 반   콩반   기장반

전 맛있는
김밥이 되는 게
소원이에요.

전 고소한
튀밥이 되고
싶어요.

전, 잡채밥이요.

볶음밥이요.

눌은밥이요.

거기 맨 뒤에 있는
통통한 쌀도 장래 희망을
말해 보세요.

전 쌀이 아니라 보린데요?
반을 잘못 찾아서…

억!

매일 먹는 밥, 또 어떤 밥이 있을까?

김밥, 튀밥, 눌은밥, 밥의 종류도 참 많지?
밥은 쌀로만 하는 건 아니야.

어울리는 것끼리
선을 그어 봐.

보리로만 지은 밥은   •   • 오곡밥

옥수수로 지은 밥은   •   • 옥수수밥

다섯 가지 곡식으로 지은 밥은 •   • 꽁보리밥

다섯 가지 곡식을 뭐라 그래? (오곡 | 백과)
그럼 다음 그림에서 오곡이 아닌 것을 골라 봐.

밥하는 건 다른 말로 (밥을 짓다 | 집을 짓다)
밥 먹기 싫다고 짜증 부리는 건 **밥투정**이야.
눈치를 보면서 먹는 밥은 **눈칫밥**이라고 하지.

밥

■**눌은밥**
조금 타서 솥에 붙어 있는
밥에 물을 부어 불린 뒤
긁은 밥.
■**옥수수밥**
옥수수로 지은 밥.
■**오곡**
다섯 가지 중요한 곡식.
쌀, 보리, 콩, 기장, 조.
■**밥을 짓다**
밥을 만들다.
■**밥투정**
밥이 먹기 싫어서 또는
밥을 더 달라고 보채는 일.
■**눈칫밥**
남의 눈치를 보며 먹는 밥.

〉 **정답** 104쪽

밥

김밥, 튀밥, 눌은밥, 꽁보리밥, 옥수수밥, 오곡밥
밥을 짓다, 밥투정, 눈칫밥

반찬이
너무 없어!

저렇게 반찬이 많은데 반찬이 없다고?

밥이랑 같이 먹는 음식은 (반찬 | 만찬)

반찬이 없다고 떼 부리는 건

반찬 투정.

맛이 없다고 남긴 음식은

이 다음에 저승에 가면 다 먹는대.

그러니까 남기지 말고 끝까지 잘 먹어.

어울리는 것끼리
선을 그어 봐.

자, 반찬에는 어떤 것들이 있을까?

고기로 만든 반찬은   ·   · 밑반찬

국물 없이 만든 반찬은   ·   · 마른반찬

오래 두고 먹는 반찬은   ·   · 고기반찬

반찬을 만드는 데 쓰는 재료를 뭐라 그래?

(반찬거리 | 먹을거리)

어떤 게 찌개고,
어떤 게 국이야?

참! 밥이랑 같이 먹는 국도 있고, 찌개도 있어.

물을 많이 넣고 끓인 건 국,

물을 적게 넣고 끓인 건 찌개.

반찬

■ **반찬**(飯밥 반 饌반찬 찬)
밥과 함께 먹는 음식.

■ **반찬 투정**
어떤 반찬이 먹기 싫어서
또는 어떤 반찬을 먹고
싶다고 보채는 일.

■ **찌개**
물을 적게 붓고 재료와
양념을 넣어 끓인, 국물
있는 음식.
예 김치찌개, 된장찌개

■ **국**
물을 많이 붓고 재료와
양념을 넣어 끓인, 국물
있는 음식. 밥을 말아
먹기도 한다.
예 미역국, 콩나물국

반찬이 너무 없어!

어? 정말 반찬이 하나도 없네?

시장에 가서 먹을거리를 사와야겠어.

국을 끓일 때 중요한 ·   · 국거리

반찬을 만들 때 중요한 ·   · 찌개거리

찌개를 끓일 때 중요한 ·   · 반찬거리

무엇을 만들 때 필요한 재료를 '-거리'라고 해.

먹을거리에는 또 뭐가 있을까?

아침, 점심, 저녁 사이사이에 먹는 (간식거리 | 안줏거리)

아빠 술 마실 때 곁들여 먹는 (안줏거리 | 김칫거리)

김치를 만들 때 필요한 (김칫거리 | 주전부리)

주전부리는 때를 가리지 않고 과일이나 과자를 먹는 거야.

그럼 군것질은 뭘까? (   )

① 주전부리와 비슷한 말이야.

② 구운 음식만 좋아하는 거야.

군것질을 했더니 밥맛이 없어.

주전부리나 군것질이 심하면

밥을 먹을 때 밥맛이 없어지니까 조심해.

-거리

▪ **반찬거리**
반찬을 만드는 재료.

▪ **국거리**
국을 만드는 재료.

▪ **찌개거리**
찌개를 만드는 재료.

▪ **안줏거리**
안주로 먹을 만한 음식물.

▪ **김칫거리**
김치를 만드는 재료.

▪ **주전부리**
끼니 때 말고 맛이나 재미로 먹는 음식.

▪ **군것질**
끼니 때 말고 먹는 음식.

> 정답 104쪽

27

 어휘 확인

1 다음 중 남의 눈치를 보며 먹는 밥은 무엇일까요? (   )

① 비빔밥

② 김밥

③ 꽁보리밥

④ 눈칫밥

2 서로 어울리는 것끼리 짝 지으세요.

 •

 •

 •

• 반찬

• 밥

• 찌개

3 다음 빈칸에 공통으로 들어가는 말을 오른쪽에 바르게 써 보세요.

1) 사람이 먹을 수 있는 건 다 먹을□□야.

2) 국을 끓일 때 필요한 국□□.

3) 반찬을 만들 때 필요한 반찬□□.

4 다음 빈칸에 있는 글씨를 예쁘게 따라서 써 보세요.

· 소풍 가서 먹는 맛있는 김 밥

· 초비는 밥 투 정 이 너무 심해서 큰일이야.

5 다음 빈칸에 각각 알맞은 말을 예쁘게 써 보세요.

· 주전부리는 다른 말로 군□□이라고도 해.

· 밥이랑 같이 먹는 음식은 국, 찌개, □찬이 있어.

 어휘랑 놀자

초비네 가족이 하는 말을 잘 보고 퍼즐 조각에 색을 칠해 봐.

2장 보다

보다

이상하면 살펴보자

이 집에 아이들이 있다고 그랬지?

얘들아, 엄마 왔다.

엄마다.

초비야, 잠깐!

왜, 누나?

엄마 목소리가 이상하지 않아?

떡을 파느라 목이 쉬어서 그렇단다.

영상 통화로 살펴보자.

초비야, 봐 엄마가 아니고 호랑이잖아.

정말!

갈수록 먹고살기 힘들군.

눈 크게 뜨고 잘 살펴보자. 그래야 호랑이한테 안 속지.

32

호랑이가 초비네 집을 어떻게 보고 있지?

(엿보다 | 째려보다)

엿보는 건 몰래 훔쳐보는 거야.

호랑이는 안을 보고 있을까, 밖을 보고 있을까?

문틈으로 안을 들여다보고 있지.

몰래 엿보는 건 •	• 들여다보다
안에서 밖을 보는 건 •	• 훔쳐보다
밖에서 안을 보는 건 •	• 내다보다

초비는 엄마가 맞는지 살펴보기 위해 영상 전화를 걸었어.

두루두루 자세히 보는 건? (살펴보다 | 쳐다보다)

말썽꾸러기 동생이 미울 땐 어떻게 보지? (   )

① 째려보다   ② 흘겨보다

초비, 미워!

둘 다 정답!

단비는 말썽꾸러기 초비가 미워서

째려보고 흘겨보고 있어.

보다

- **엿보다**
  보이지 않는 곳에 숨어서 몰래 보다.
- **훔쳐보다**
  남이 모르게 가만히 보다.
- **들여다보다**
  밖에서 안을 보다.
- **내다보다**
  안에서 밖을 보다.
- **살펴보다**
  자세히 보다.
- **흘겨보다**
  못마땅해서 매섭게 눈을 옆으로 굴려서 보다.

> 정답 104쪽

보다	엿보다, 훔쳐보다, 들여다보다, 내다보다, 살펴보다, 쳐다보다, 째려보다, 흘겨보다

느림보 거북이 쯤이야.

저런 토끼가 거북이를 너무 얕보고 있지?
상대를 낮게 보는 건
얕보다.

'얕보다'랑 비슷한 말은?
(깔보다 | 엿보다)

토끼는 거북이를 얕보고 깔보다가
거북이한테 지고 말았어.
느림보 거북이에게 진 토끼는 창피해서
다른 토끼들을 볼 낯이 없었지.

선을 그어 봐.

부끄러워 다른 사람을 볼 수 없는 건　·　　　·　**깔보다**

상대를 우습게 보는 건　·　　　·　**볼 낯이 없다**

아무리 상대가 볼품없고, 보잘것없어 보여도
시합을 할 때는 최선을 다해야지.
겉모습이 초라해 보이는 건 볼 품 없다.

보자고 할 만한 것도 없을 정도로 하찮은 건
보 잘 것 없다.

-보-

▪ **얕보다**
　실제보다 낮추어 보다.
▪ **깔보다**
　낮추어 하찮게 여기다.
▪ **볼 낯이 없다**
　부끄러워 상대를 볼 수
　없다.
▪ **볼품없다**
　겉모습이 초라해 보이다.
▪ **보잘것없다**
　볼 만한 가치가 없을
　정도로 하찮다.

텔레비전 속에 아주 들어가겠다.

초비가 열심히 텔레비전을 보고 있어.

텔레비전 보는 걸 뭐라고 하는지 알아?

(시청 | 시력)

텔레비전을 시청한다고 하지.

그럼 텔레비전을 보는 사람은?

시 청자

시청, 시청자에서 '시'는 보다라는 뜻이야.

보다 시(視)

텔레비전을 너무 가까이에서 보면 어떻게 되지?

보는 힘, 시력이 나빠져.

그래서 우리가 텔레비전을 가까이에서 보지 않나

엄마는 늘 감시하시지.

주의 깊게 살펴보는 건 (감시 | 감사)

엄마 말씀을 무시했더니 정말 눈이 나빠졌다고?

자, 그럼 눈이 얼마나 나쁜지 검사를 받아야지.

 안 보여요.

시력이 좋은지 나쁜지 알아보는 건? (　　　)

① 실력 검사　　② 시력 검사

視
보다 시

- **시청**(視 聽듣다 청)
  눈으로 보고 귀로 듣는 것.
- **시력**(視 力힘 력)
  볼 수 있는 눈의 능력.
- **시청자**(視聽 者사람 자)
  텔레비전을 보는 사람.
- **감시**(監살피다 감 視)
  어떤 일을 못하게 하려고
  주의 깊게 지켜보는 것.
- **무시**(無없다 무 視)
  깔보거나 업신여기는 것.

> 정답 104쪽

35

어휘 확인

1 다음 중 '보다'가 나머지와 <u>다르게</u> 쓰인 것을 찾으세요. (　　)

① 호랑이가 방 안을 훔쳐<u>보다</u>

② 단비가 초비를 째려<u>보다</u>

③ 엄마인지 호랑이인지 살펴<u>보다</u>

④ 단비는 초비<u>보다</u> 키가 크다

2 서로 어울리는 것끼리 짝 지으세요.

창피해.

•   • 얕보다

느림보 거북이 쯤이야.

•   • 볼 낮이 없다

〉 정답 104쪽

3 다음 중 '보다 시(視)' 자가 들어가지 <u>않은</u> 낱말은? (　　　)

① 시청

② 시력 검사

③ 무시

④ 시계

4 다음 빈칸에 있는 글씨를 예쁘게 따라서 써 보세요.

· 엿보다의 비슷한 말은 훔 쳐 보다

· 얕보다의 비슷한 말은 깔 보다

5 다음 빈칸에 알맞은 말을 예쁘게 써 보세요.

· 들여다보다의 반대말은 내다 　 다

눈

우리 눈싸움할까?

한여름에도 눈싸움을 할 수 있어.

소중한 우리 눈, 어떻게 생겼는지 살펴보자.

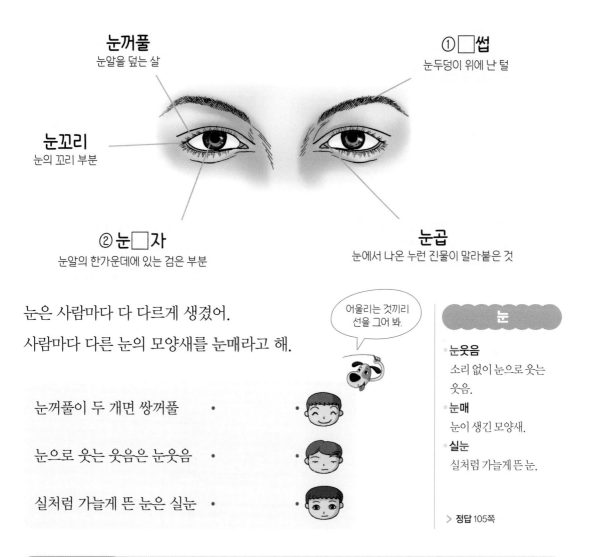

눈꺼풀
눈알을 덮는 살

① □썹
눈두덩이 위에 난 털

눈꼬리
눈의 꼬리 부분

② 눈□자
눈알의 한가운데에 있는 검은 부분

눈곱
눈에서 나온 누런 진물이 말라붙은 것

눈은 사람마다 다 다르게 생겼어.
사람마다 다른 눈의 모양새를 눈매라고 해.

어울리는 것끼리
선을 그어 봐.

눈꺼풀이 두 개면 쌍꺼풀   ·   ·

눈으로 웃는 웃음은 눈웃음   ·   ·

실처럼 가늘게 뜬 눈은 실눈   ·   ·

눈

▪**눈웃음**
소리 없이 눈으로 웃는
웃음.
▪**눈매**
눈이 생긴 모양새.
▪**실눈**
실처럼 가늘게 뜬 눈.

> **정답** 105쪽

눈

눈꺼풀, 눈썹, 눈초리, 눈동자, 눈곱,
눈매, 쌍꺼풀, 눈웃음, 실눈

저런, 초비가 또 집 앞에서 길을 잃었어.

매일 들락거리는 자기 집도 못 찾다니,

초비는 정말 길눈이 어두운가 봐.

눈은 눈인데 길을 찾는 눈은?

(길눈 | 눈길)

눈길은 눈이 보는 방향이지.

한 번 가 본 길도 척척 잘 찾는 건

길눈이 밝다.

길눈이 밝으려면 눈썰미가 좋아야 해.

한두 번 보고 그대로 해내는 재주는 눈썰미.

초비 좀 봐.

눈대중으로 봐도 작아 보이는 빵을

더 크다고 속이고 예삐에게 주려고 해.

눈으로 대충 세거나 재 보는 건,

눈대중

그럼 눈대중이랑 비슷한 말은 뭘까?

(눈짐작 | 까막눈)

까막눈은 글을 읽을 줄 모르는 사람을 말해.

눈

- **길눈**
  한두 번 간 길을 잘 기억해서 다시 찾아갈 수 있는 능력.
- **눈길**
  눈이 보는 방향.
- **눈썰미**
  어떤 일을 슬쩍 보고도 잘 따라할 수 있는 재주.
- **눈대중**
  눈으로 대충 보아 헤아리는 것.
- **눈짐작**
  눈으로 대충 보고서 짐작하는 것.
- **까막눈**
  글을 읽을 줄 모르는 사람.

눈이 많이 나빠졌군요.

초비는 지금 어떤 병원에 와 있지?
(안과 | 치과)

초비가 엄마 말씀 안 듣고
텔레비전을 가까이에서 보더니
눈이 많이 나빠졌나 봐.
눈이 나쁘면 안경을 써야 해.

안과, 안경의 '안'은 눈을 뜻하는 한자야.
눈 안(眼).

선 긋기야.

눈을 치료하는 병원은   •   • 안경

눈이 나쁘면 쓰는 것은 •   • 안과

그럼 눈이 아플 때 넣는 약은? (안약 | 치약)

예선엔 초비도 멀리 있는 파리가
뭐하고 있는지 보일 정도로 눈이 좋았대.
이렇게 멀리 떨어진 것도 잘 보는 눈은?
(천리안 | 천리마)
텔레비전을 너무 가까이에서 보면,
초비처럼 눈이 나빠져.

파리가 인쪽 발로
얼굴을 비비고 있어.

眼
눈 안

- **안과**(眼 科과목 과)
  눈에 생긴 병을 치료하는
  병원.
- **안경**(眼 鏡거울 경)
  잘 보이게 눈에 쓰는 물건.
- **안약**(眼 藥약 약)
  눈이 아플 때 넣는 약.
- **천리안**(千 里거리 리 眼)
  멀리 떨어진 것을 잘 보는
  능력.

> 정답 105쪽

41

1 서로 어울리는 것끼리 짝 지으세요.

실눈   쌍꺼풀   눈웃음

2 다음 중 '보는 눈'에만 색칠하세요.

눈동자	눈사람	눈초리
눈보라	길눈	함박눈
눈대중	진눈깨비	눈썰미

> 정답 105쪽

3 다음 빈칸에 똑같이 들어가는 말을 오른쪽에 바르게 써 보세요.

1) 눈이 아프면 ☐과에 가야 해.

2) 눈에 넣는 약은 ☐약이야.

3) ☐경을 쓴 걸 보니 눈이 나쁜가 봐.

4 다음 빈칸에 있는 글씨를 예쁘게 따라서 써 보세요.

· 눈썰미가 좋은 사람은 [길][눈]도 밝아.

· 글을 읽을 줄 모르는 사람을 [까][막]눈이라고 해.

5 다음 빈칸에 알맞은 말을 예쁘게 써 보세요.

· 눈대중이랑 비슷한 말은 ☐짐작

· 눈이 아프면 가는 병원은 ☐과

모양

모양으로 찾아봐

우리 주변에 동그란 모양은 뭐가 있을까요?

피자요

자동차 바퀴요

그럼 네모난 모양은 뭐가 있을까요?

책이요

도시락이요

참 잘했어요. 그럼, 세모난 모양은 뭐가 있을까요?

선생님 얼굴이요.

주위에서 동그란 모양, 네모난 모양, 세모난 모양의 물건을 찾아보자.

동그라미는 곡선으로 되어 있어.
곡선이 뭐지? (굽은 | 곧은) 선.
세모랑 네모는 직선으로 되어 있어.
직선은 뭘까? (굽은 | 곧은) 선.

우리는 친구.

선 긋기야.

 •

• 곡선 •

• 곧다

•

• 직선 •

• 굽다

난 오목한 모양이야.

난 볼록하지.

난 울퉁불퉁해.

난 평평한 모양이야.

가운데가 볼록 튀어나오면 •	• 울퉁불퉁한 모양
가운데가 옴폭 들어가면 •	• 평평한 모양
겉이 들쑥날쑥하면 •	• 볼록한 모양
겉이 고르고 판판하면 •	• 오목한 모양

모양

▪ **곡선**(曲굽다 곡 線줄 선)
부드럽게 굽은 선.
▪ **직선**(直곧다 직 線)
곧게 뻗는 선.
▪ **오목하다**
가운데가 들어가다.
▪ **볼록하다**
가운데가 나오다.

> **정답** 105쪽

모양

곡선은 굽은 선, 직선은 곧은 선
볼록, 오목, 울퉁불퉁, 평평하다.

초비는 쌍둥이를 처음 봤나 봐.

쌍둥이는 똑같이 생겼어.

똑같이 생긴 걸 뭐라 그럴까? (   )

① 닮은꼴   ② 다른꼴

크기는 달라도 모양이 같은 걸

닮은꼴이라고 해.

꼴은 '모양'과 같은 말이야.

부채꼴   사다리꼴   네모꼴

꼴

닮은꼴
비슷하게 생긴 모양.

부채꼴
부채처럼 생긴 모양.

사다리꼴
사다리처럼 생긴 모양.

네모꼴
네모처럼 생긴 모양.

꼴불견
생김새나 하는 짓이
보기 싫은 것.

꼴은 좋지 않은 뜻일 때도 있어.

엄마한테 장난감 사 달라고

울면서 떼쓰는 아이를 보면

(꼴불견 | 닮은꼴)이지?

눈 뜨고 볼 수 없는 행동을 하는 건

꼴불견.

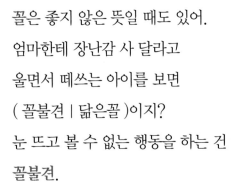

야, 삼각형.

난 세모인데?

하하, 삼각형과 세모, 둘 다 같은 말이야.
모양을 나타내는 말은 또 뭐가 있을까?

세모는 한자말로 •   • **사각형**

네모는 한자말로 •   • **삼각형**

모양은 한자로 '형'이야.
모양 **형**(形).

그래서 둥근 모양은 원형,
길쭉하게 둥근 원은 **타원** 형 이야.
계란처럼 동그랗게 생긴 얼굴은
계란형이라고 하지.

모양을 나타내는 또 다른 말도 있어.
옷을 차려입은 모양은 **차림새**.
생긴 모양은 **생김** 새 .

눈의 모양은 •   • 몸매

몸의 모양은 •   • 눈매

끝에 붙은 '−매'와 '−새'도
모양이라는 뜻이야.

形
모양 형

- **사각형**(四넷사 角뿔각 形)
  네모 모양.
- **삼각형**(三셋삼 角形)
  세모 모양.
- **원형**(圓둥글다 원 形)
  둥근 모양.
- **타원형**(楕길고 둥글 타 圓形)
  달걀처럼 생긴 모양.
- **계란형**(鷄닭 계 卵알 란 形)
  계란처럼 생긴 모양.
- **몸매**
  몸이 생긴 모양새.
- **차림새**
  옷을 차려입은 모습.
- **생김새**
  생긴 모양.

〉 **정답** 105쪽

내 몸매
어때?

풋-

1 서로 어울리는 것끼리 짝 지으세요.

울퉁불퉁하다　　　　볼록하다　　　　오목하다

2 다음 중 사다리꼴 모양을 찾아보세요. (　　　)

①

②

③

④

> 정답 105쪽

3 같은 모양끼리 모여야 해요. <u>잘못</u> 들어간 낱말을 하나씩 찾아 주세요.

1)

세모꼴

사각형

네모

2)

원형

동그라미

부채꼴

3)

세모

삼각형 사다리꼴

4 다음 빈칸에 있는 글씨를 예쁘게 따라서 써 보세요.

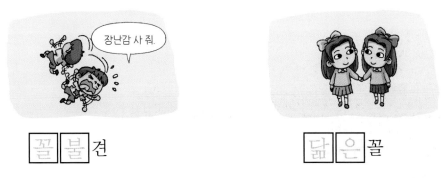

장난감 사 줘.

꼴 불 견

닮 은 꼴

5 다음 빈칸에 알맞은 말을 예쁘게 써 보세요.

난 오☐한
모양이야.

난 ☐록한
모양이야.

무지개는 무슨 색?

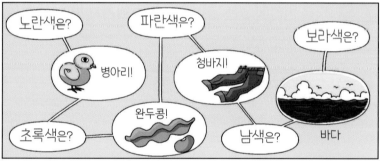

무지개는 빨강, 주황, 노랑, 초록, 파랑, 남색, 보라색이야.

무지개는 모두 일곱 가지 **색깔**이야.

아이들이 들고 있는 **색종이**를 보고 어떤 색을 좋아하는지 맞혀 봐.

| 노란색 | 빨간색 | 주황색 | 파란색 | 남색 | 보라색 | 초록색 |

여러 가지 색이 있으니까

여러 가지 색깔로 예쁜 그림도 그릴 수 있고

색종이로 멋진 종이접기도 할 수 있어.

> 어울리는 것끼리
> 선을 그어 봐.

色

빛색

- **색깔**
  빛깔.
- **색연필**
  여러 가지 색으로 만든
  연필.
- **색종이**
  여러 가지 색으로 만든
  종이.
- **색동옷**
  소매에 여러 색깔의 띠를
  두른 한복.

여러 가지 색깔의 연필은 · · 색종이

여러 가지 색깔의 종이는 · · 색연필

조비가 입은 옷처럼

여러 색깔의 옷감으로 만든 옷은?

(색동옷 | 종이옷)

그런데 색동옷에 색안경은 좀 이상해.

> 나 어때?

> **정답** 105쪽

색   색종이, 색연필, 색동옷, 색안경

할머니 사진은 왜 시커메요?

옛날엔 컬러 사진이 없었거든.

흑백 사진만 있었어.

텔레비전도 **흑백** 텔레비전만 있었지.

흑백은 여러 가지 색깔을

검은색과 하얀색 종류만 써서 나타낸 거야.

검다 **흑(黑)**, 희다 **백(白)**.

黑	白
검다 흑	히다 백

검은색은 **흑색**, 검은 설탕은 흑 설탕.

하얀색은 **백색**, 하얀 설탕은 백 설탕.

어울리는 것끼리 신을 그어 봐.

피부가 검은 인종은 •   • 흑인송

피부가 하얀 인종은 •   • 백인종

'검다 흑'이 들어가는 낱말은 무엇이 있을까?

어둡고 껌껌한 것은 **암흑**.

검은 빛을 띤 짙은 갈색은 **흑갈색**.

그럼 '희다 백'이 들어간 낱말은?

머리가 하얀 사람은 (백발 | 흑발)

아무것도 쓰지 않은 하얀 종이는 (흑지 | 백지)

- **흑백(黑白)**
  검은색과 흰색.
- **흑색(黑 色빛 색)**
  검은색.
- **백색(白 色)**
  흰색.
- **암흑(暗어둡다 암 黑)**
  어둡고 캄캄한 상태.
- **흑발(黑 髮머리털 발)**
  검은 머리.
- **백발(白 髮머리털 발)**
  하얀 머리.
- **백지(白 紙종이 지)**
  흰 종이, 또는 아무것도 적지 않은 빈 종이.

파란 신호등이다.
건너자.

푸른 신호등은 청신호,

빨간 신호등은 적신호.

횡단보도를 건너려면

어떤 신호를 기다려야지?

(청신호 | 적신호)

푸르다 **청**(靑), 붉다 **적**(赤).

20살은 사람의 나이 중 가장 푸르른 나이야.

그래서 (청년 | 소년)

청년과 소년을 합해서 　청　소년.

중국에서 불어오는 누런 모래 바람은? (황사 | 황소)

한국 사람은 백인종도, 흑인종도 아닌 (황인종 | 식인종)

황사, 황소의 '황'은 누르다 **황**(黃).

풀의 빛깔은 녹색이야. 녹색 **록**(綠).

낱말의 앞에 올 때는 '녹',

뒤에 올 때는 '록'이라고 쓰고 읽어.

무지개 빛깔 중 하나인 진한 녹색은　·　　　·초록색

녹색 빛이 그대로 나도록 말린 찻잎은　·　　　·녹차

青	赤
푸르다 청	붉다 적

▪**청신호**(靑 信믿을 신 號기호 호)
푸른 신호.
▪**적신호**(赤信號)
붉은 신호.
▪**청년**(靑 年해 년)
젊은 사람. 흔히 20대를
가리킴.

黃	綠
누르다 황	녹색 록

▪**황사**(黃 紗모래 사)
누런 모래.
▪**녹차**(綠 茶차 차)
녹색 빛이 그대로 나도록
말린 부드러운 찻잎.

＞ **정답** 105쪽

1 다음 그림과 어울리는 색깔을 짝 지어 보세요.

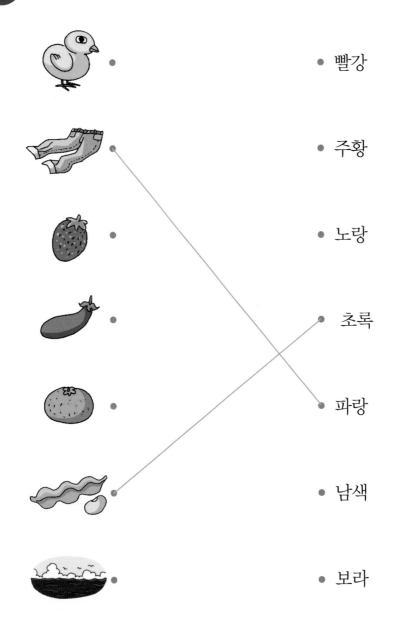

- 빨강
- 주황
- 노랑
- 초록
- 파랑
- 남색
- 보라

2 다음 중 그림과 낱말이 서로 어울리지 <u>않는</u> 것은? (　　　)

① 흑인종

② 청신호

③ 백발

④ 황소

3 다음 빈칸에 있는 글씨를 예쁘게 따라서 써 보세요.

· 중국에서 불어오는 누런 모래바람은 | 황 | 사 |

· 청년과 소년을 합해서 | 청 | 소 | 년 |

4 다음 빈칸에 알맞은 말을 예쁘게 써 보세요.

· 여러 가지 색깔의 연필은 [　] 연필

· 여러 가지 색깔의 종이는 색 [　] 이

각 기차에는 나머지와 사이가 먼 낱말이 하나씩 들어 있어요.
어느 칸에 있는지 찾아보세요.

보다 | 살펴보다 | 얕보다 | 보자기 | 볼품없다

눈 | 눈초리 | 눈동자 | 눈매 | 눈사람

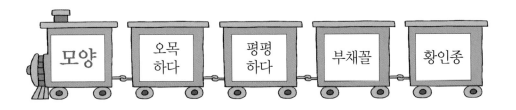

모양 | 오목하다 | 평평하다 | 부채꼴 | 황인종

색깔 | 색연필 | 닮은꼴 | 색종이 | 적신호

3장

듣다

유치원에서 만든 거예요.

듣다

흘려듣고, 귀담아듣고

흘려듣다

귀담아듣다

가려듣다

듣는 방법도 참 여러 가지야.

내 얘기, 한 귀로 듣고 한 귀로 흘리시는 아빠.

아빠, 제 얘기 흘려듣지 마세요.

유치원에 만든 거예요.

내가 하는 얘기,

귀 기울여 주시는 아빠.

아빠, 제 얘기 귀담아들어 주셔서 고마워요.

다른 사람의 말을 대충 듣는 건   •   • 귀담아듣다

다른 사람의 말을 열심히 듣는 건   •   • 흘려듣다

듣다

흘려듣다
주의 깊게 듣지 않다.

귀담아듣다
주의 깊게 듣다.

새겨듣다
마음에 남아 듣다.

곧이듣다[고지−]
남의 말을 듣고 그대로
믿다.

가려듣다
옳고 그름, 좋고 나쁨을
따져 듣다.

10년 후 여기서 다시 만나자.

새겨 들을게.

친구랑 새끼손가락 걸며 한 약속,

잊어버리지 않게 마음속에 꼭꼭

새기며 들어야지.

새겨듣다.

다리 밑에서 주워 왔다는 엄마 말씀,

어울리는 것끼리 선을 그어 봐

참말인지 거짓말인지 가리며 듣는 건   •   • 가려듣다

어떤 말이든 들은 그대로 믿는 건   •   • 곧이듣다

> 정답 105쪽

듣다

흘려듣지 않고 귀담아듣다. 곧이듣지 않고 가려듣다.
마음에 담아 새겨듣다.

들기 좋은 말도

한 번, 두 번, 열 번, 백 번 들으면

귀가 따가워.

귀가 | 따 | 갑 | 게 | 듣다.

하지만 엄마 말씀은

두 귀 쫑긋 열고 들어야지.

귓등으로 들으면 안 돼.

귓등으로 듣는 건 흘려듣는 거랑 똑같은 거야.

같은 말을 여러 번 듣는 건   •   • 귓등으로 듣다

다른 사람 말을 흘려듣는 건   •   • 귀가 따갑게 듣다

앗! 개가 천자문을 외네.

서당에 살면서, 천자문 외는 소리를

하도 많이 주워들어서 그래.

주워듣다.

어쩌다 몇 글자씩 얻어듣다 보니,

천자문을 술술 외게 된 거지.

| 얻 | 어 | 듣다.

얻어듣다랑 주워듣다는 서로 비슷한 말이야.

듣다

귀가 따갑게 듣다
많이 자주 듣다.

귓등으로 듣다
주의 깊게 듣지 않다.

주워듣다
떠도는 말을 우연히 듣다.

얻어듣다
남이 하는 말을 우연히
듣다.

60

시청자 여러분

청취자 여러분

텔레비전은 **시청**하고
라디오는 **청취**하지.

시청과 청취에는 모두
'듣다 청(聽)' 자가 들어가.

텔레비전은 보고 들어서 •   • 청취
라디오는 듣기만 해서 •   • 시청

그럼 라디오를 듣는 사람은? (시청자 | 청취자)

할머니가 소리를 잘 못 들으시는 건
듣는 힘, **청력**이 약해서야.
이럴 땐 **보청기**를 끼면 돼.
보청기는 듣는 걸 도와주는 기계지.

할머니,
사랑해요.

뭐?
사진 찍자고!

> 그럼 **청진기**는 뭘까? (   )
> ① 청소기 친구야.
> ② 우리 몸에서 나는 소리를 듣는 기구야.

답은 ②번. 의사 선생님은 **청진기**로
우리 몸에서 나는 소리를 듣고 병을 알아내시지.

聽
듣다 청

- **청취**(聽 取가지다 취)
  방송을 듣는 것.
- **청취자**(聽 取 者사람 자)
  라디오 방송을 듣는 사람.
- **청력**(聽 力힘 력)
  들을 수 있는 귀의 능력.
- **보청기**(補돕다 보 聽 器기구 기)
  잘 들리지 않는 귀에 끼워 잘
  듣게 해 주는 물건.
- **청진기**(聽 診진찰하다 진 器)
  환자의 몸 안에서 나는
  소리를 듣게 해 주는 물건.

> **정답** 105쪽

1 서로 어울리는 것끼리 짝 지으세요.

귀가 따갑게 듣다   귀담아듣다   흘려듣다

2 괄호 안에 알맞은 말을 보기에서 골라 번호를 써 넣으세요.

① 곧이   ② 귀담아   ③ 흘려   ④ 귓등

1) 아빠, 제 얘기 (   )들이 주셔서 고마워요.

2) 엄마가 하시는 말씀은 (   )들으면 안 돼.

3) (   )으로 들으니까 귀가 따갑게 얘기하는 거야.

4) 주워들은 소문을 (   )들으면 안 돼.

> 정답 105쪽

3 빈칸에 공통으로 들어갈 말을 오른쪽에 바르게 써 보세요.

1)

그게 뭐예요?

□진기란다.

2)

할머니!

보□기 껴서 잘 들려.

4 다음 빈칸에 있는 글씨를 예쁘게 따라서 써 보세요.

· 텔레비전은 보고 들어서 [시] [청]

· 라디오는 듣기만 해서 [청] [취]

5 다음 빈칸에 알맞은 말을 예쁘게 써 보세요.

· '흘려듣다'의 반대말은 새겨 [ ]다

· '가려듣다'의 반대말은 [ ]이듣다

귀

귀지의 여행

우리 이름은 귀지. 귓구멍 속에 살지.

어, 빨려 나가려고 해!

귀청으로 도망쳐.

악! 살려줘.

걱정 마. 곧 다시 만날 거야.

귓바퀴에 붙어서 기다릴게.

조심해!

어떡하지? 귓불 쪽으로 와 버렸어.

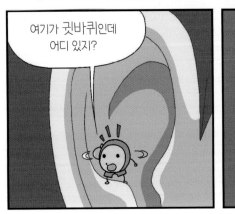

여기가 귓바퀴인데 어디 있지?

네가 다시 만날 거라고 했지?

우리 이제 헤어지지 말자.

귀지, 귓구멍, 귓밥, 귓불, 귓바퀴. 다 귀와 관련된 낱말이야.

우리 귀는 어떻게 생겼을까?

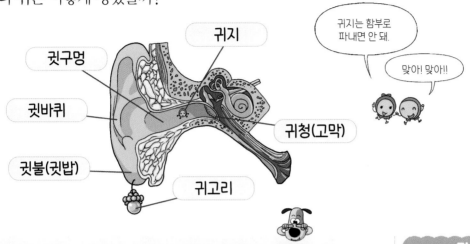

귀지는 함부로
파내면 안 돼.

맞아! 맞아!!

귀지 •		• 소리가 잘 들리도록 모아 줘
귀청 •		• 소리가 울리는 고막의 다른 이름
귓바퀴 •		• 귀 속에 먼지가 뭉쳐 생긴 거야

귀에 매다는 장식품은 **귀고리**.
귀고리는 어디에 매달지? (귓불 | 귀청)

앗, 뜨거워!

귓불은 우리 몸에서 가장 차가운 곳이래.
그래서 뜨거운 것을 만지고 깜짝 놀라면
자기도 모르게 귓불을 만지지.

귀

- **귓구멍**
  귀의 바깥 구멍.
- **귓불(= 귓밥)**
  귓바퀴 아래에 늘어진 살.
- **귀청(= 고막)**
  귓구멍 안에 있는 소리를
  들을 수 있게 하는 막.
- **귓바퀴**
  귀의 바깥쪽.
- **귀고리**
  예쁘게 보이려고
  귀에 다는 물건.

> **정답** 106쪽

귀　　　귓바퀴로 모은 소리가 귓구멍으로 들어와.
　　　　　귀청을 울리면, 우리가 소리를 듣게 되는 거야.

옆집 할머니 귀먹었대.

뭐? 귀를 먹어?

귀를 먹은 게 아냐!
청력이 약해 소리가 들리지 않는 걸
귀가 먹었다고 해.
귀먹다.

귀가 먹어 소리를 못 듣는 사람은
귀 머 거 리 .

소곤소곤 수군수군
귀에 대고 말해서 **귀엣말**.
귓속에다 말해서 귓 속 말 .

엄마보다 아빠가
더 좋아.

쥐도 모르고, 새도 모르지만
잠귀 밝은 엄마는 다 듣고 계시지.
자면서 듣는 귀는 잠 귀.

그럼 어려운 말도 척척 알아듣는 귀는? 말귀

선 긋기야,
알지?

| 자면서도 잘 듣는 귀는? | • | • 말귀 |
| 남의 말을 잘 알아듣는 귀는? | • | • 잠귀 |

귀

▪**귀먹다**
귀가 안 들리다.
▪**귀머거리**
귀가 안 들리는 사람.
▪**귓속말**(= 귀엣말)
귀에 가까이 대고
작게 하는 말.
▪**잠귀**
잠을 자면서 들을 수 있는
재주.
▪**말귀**
남이 하는 말의 뜻을
알아듣는 힘.

귀가 나빠 소리를 잘 못 들으시는 할머니,
귀가 어두우셔서 큰일이야.
귀가 어둡다.

귀가 좋아 소리를 잘 듣는 나는
귀가 밝아 작은 소리도 잘 듣지.
귀가 밝다.

또 선 긋기.

귀가

- **귀가 어둡다**
  소리를 잘 듣지 못하다.
- **귀가 밝다**
  작은 소리를 잘 듣다.
- **귀를 기울이다**
  관심을 가지고
  주의 깊게 듣다.
- **귀가 뚫리다**
  말을 알아듣게 되다.

귀가 좋아 소리를 잘 듣는 것은   ·   · 귀가 어둡다

귀가 나빠 소리를 잘 못 듣는 것은   ·   · 귀가 밝다

다른 사람이 하는 얘기는
귀 기울여 들어야 해.
다른 사람이 하는 얘기 열심히 듣는 건
귀를 기울이다.

다른 나라 말도
귀 기울여 열심히 듣다 보면
무슨 말인지 알아듣게 돼.
말을 알아듣게 되는 건
귀가 뚫리다.

> 정답 106쪽

67

어휘 확인

1 그림에서 이름을 잘못 이은 것을 찾아 주세요. (　　　)

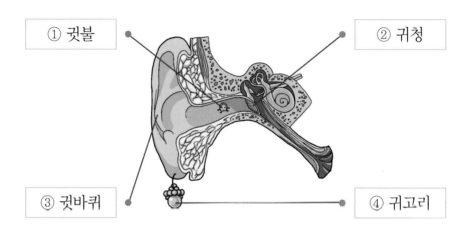

① 귓불　② 귀청　③ 귓바퀴　④ 귀고리

2 괄호 안에 알맞은 말을 보기에서 골라 번호를 써 넣으세요.

1) 난 귀가 (　　　)서 작은 소리도 잘 들어.

2) 엄마는 (　　　)가 밝아 작은 소리에도 잠이 깨서.

3) (　　　)는 함부로 파내면 안 돼.

4) 다른 사람이 말할 땐 귀를 (　　　)야 해.

보기:　① 기울여　② 잠귀　③ 밝아　④ 귀지

68

> 정답 106쪽

3 빈칸에 공통으로 들어갈 말을 오른쪽에 바르게 써 보세요.

1) 잠□가 정말 밝군.

냠~냠

2) 할머니!

할머니 □ 안 먹었다.

---

4 다음 빈칸에 있는 글씨를 예쁘게 따라서 써 보세요.

· 자면서도 잘 듣는 귀는 　잠　귀

· 말을 잘 알아듣는 귀는 　말　귀

---

5 디음 빈칸에 알맞은 말을 예쁘게 써 보세요.

· 귀가 좋아 소리를 잘 듣는 건 귀가 　　다.

· 귀가 어두워 소리를 잘 못 듣는 건 귀가 　　둡다.

소리

무슨 소리인지 맞혀 봐

소리를 흉내 내는 말들에는 또 어떤 게 있을까?

눈을 감고 주위에서 나는 소리에 귀 기울여 봐.

새근새근 아기의 숨소리가 들려?

야옹야옹 고양이 울음소리는?

보글보글 찌개 끓는 소리는?

뛰뛰빵빵 자동차 경적 소리는?

하하 호호 놀이터 아이들 웃음소리는?

이건 다 (소리 | 모양)를 흉내 내는 말들이야.

소리

- **우르릉 쾅**
  천둥소리를 흉내 내는 말.
- **냠냠 쩝쩝**
  먹는 소리를 흉내 내는 말.
- **뛰뛰빵빵**
  자동차 소리를
  흉내 내는 말.

> **정답** 106쪽

소리

새근새근, 야옹야옹, 보글보글, 하하 호호
모두 소리를 흉내 내는 말이야.

71

동생 몰래 먹을 땐
소리를 죽이고 먹어야지.

소리 내서 먹다가 동생한테 걸리면
동생 **울음소리**가 나.
동생 울음소리가 나면
엄마 **잔소리**도 나지.

소리가 안 들리도록 조심하는 건 •

소리가 들리게 하는 건 •

• 소리 내다

• 소리를 죽이다

소리를

소리를 죽이다
소리를 작게 하거나
안 들리게 하다.

소리를 내다

소리

잔소리
쓸데없이 길게
늘어놓는 말.

우스갯소리
우스운 말.

볼멘소리
못마땅하여 하는 말.

쓴소리
듣기에 좋지 않지만
도움이 되는 말.

찍소리도 못하다
아무 소리도 못하다.

우스갯소리 하나 해 줄까?

어떤 누나가 큰 소리로 빵을 먹다가 동생한테 걸렸대.

동생은 볼 멘 소리로 엄마한테 일렀지.

누나는 엄마한테 **쓴소리**를 들었고,

누나는 찍 소리도 못했대.

어때? 재밌지?

72

소리는 한자로 '음'이야.

소리 음(音).

즐거운 소리는 음악.

노래를 못하는 사람은 음치.

음치가 노래를 부르면 시끄럽겠지?

시끄러운 소리는 소음.

소음이 안 들리도록 막는 것은 방음.

맞는 말에
O표 하기!

노래를 못하는 사람은 (음치 | 소음)

시끄러운 소리가 안 들리도록 막는 것은 (소음 | 방음)

'소리'라는 뜻을 가진 다른 한자도 있어.

소리 성(聲).

목소리로 음악을 하는 사람은 성악가.

목소리로 연기하는 배우는 성우.

사람 목소리는 (성우 | 음성)

음(音)이나 성(聲)이 들어간 말은

모두 '소리'라는 뜻을 담고 있어.

音	聲
소리 음	소리 성

음치(音 癡어리석다 치)
노래를 잘 못 부르는 사람.

소음(騷떠들다 소 音)
시끄러운 소리.

방음(防막다 방 音)
소리가 나지 않게 막음.

음성(音 聲)
목소리. 말소리.

성악가(聲 樂노래 악 家)
목소리로 음악을 하는
사람.

성우(聲 優배우 우)
목소리로만 연기하는 배우.

> 정답 106쪽

73

어휘 확인

1 소리와 흉내 내는 말을 알맞게 이어 주세요.

  •   • 드르렁 쿨쿨

 •   • 냠냠 쩝쩝

  •   • 야옹

2 괄호 안에 알맞은 말을 보기에서 골라 번호를 써 넣으세요.

1) 찌개 끓는 (   )는 보글보글.

2) 광대가 신나는 (   )을 연주하고 있어.

3) 훌륭한 사람이 되려면 (   )도 귀담아들어야 해.

4) (   )는 목소리로 연기하는 사람이야.

보기: ① 쓴소리   ② 소리   ③ 성우   ④ 음악

74

> 정답 106쪽

3 빈칸에 공통으로 들어갈 말을 오른쪽에 바르게 써 보세요.

음악이 아니라
소□ 이다.

이 □악 어때?

---

4 다음 빈칸에 있는 글씨를 예쁘게 따라서 써 보세요.

· 아기의 숨소리는 새근 새 근

· 천둥소리는 우르릉 쾅

· 아이들 웃음소리는 하 하 호 호

· 자동차 경적 소리는 뛰 뛰 빵 빵

75

어휘 나무에 낱말 열매들이 열렸어요.
열매에 들어 있는 낱말 중, 나머지와 사이가 <u>가장 먼</u> 것을 찾아 ○ 하세요.

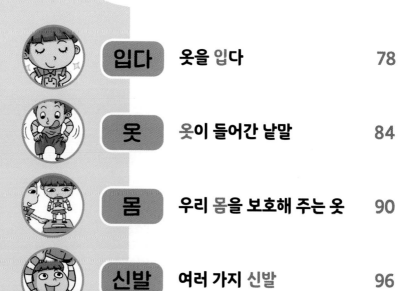

4장

입다

입다

옷을 **입**다

초비야, 엄마 바쁘니까 예삐 옷 좀 입혀 줄래?

예, 엄마!

예삐야, 옷 입어!

자, 양말도 입어!

초비야, 양말은 신으라고 해야지.

저도 유치원에서 다 배웠어요.

자, 이제 모자 입어.

모자는 입는 게 아니라 쓰는 거야.

아! 맞다!!

옷은 입고, 양말은 신고, 모자는 쓰고, 맞죠?

우리 딸, 다 컸네!

옷은 입고, 양말은 신고, 모자는 쓰는 거야.

동생 옷 입히는 것도 쉬운 일이 아니지?

어울리는 것끼리 선을 그어 봐.

속옷, 잠옷, 겉옷, 옷은 모두 •   • 끼다

양말이나 신발은 모두 •   • 쓰다

모자나 가발은 모두 •   • 신다

장갑이나 반지는 모두 •   • 입다

입다

- **입다**
  예 옷을 입다.
- **끼다**
  예 장갑과 반지를 끼다.
- **쓰다**
  예 모자와 가발을 쓰다.
- **신다**
  예 양말과 신발을 신다.
- **벗다**
  몸에 착용했던 옷이나 모자, 장갑 따위를 떼어 내다.
- **차다**
  예 시계를 차다.
- **두르다**
  예 목도리를 두르다.

입다, 신다, 쓰다, 끼다의 반대말은 뭘까?

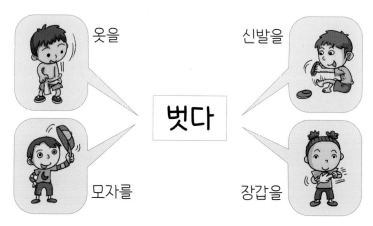

옷을   신발을

벗다

모자를   장갑을

그럼 시계나 목도리는 어떻게 할까?

시계를 손목에 (쓰다 | 차다)

목도리를 목에 (두르다 | 입다)

> **정답** 106쪽

입다   옷은 입고, 양말과 신발은 신고,
모자는 쓰고, 장갑은 끼는 거야.

절 받으세요!

한복을 잘 차려입었구나!

설날이라 한복을 예쁘게 입었구나.

때와 장소에 맞게

옷을 잘 갖추어 입는 건

[차][려]입다.

놀 때나 잠잘 때는

옷을 잘 차려입지 않아도 돼.

놀 때는 놀기 편한 옷차림.

살 때는 사기 편한 옷차림.

옷을 차려입은 모양은 옷[차][림].

옷차림과 비슷한 말이 있어. 뭘까? (　　　)

① 차림새　　　② 차림표

초비가 친구한테 새 옷을 입고 자랑하고 있어.

차려입은 옷이 잘 어울리는 모양은? (　　　)

① 옷가게　　　② 옷맵시

초비도 저렇게 차려입으니

제법 옷맵시가 나지?

맵시도 옷맵시랑 비슷한 말이야.

옷차림

▪ **차려입다**
　옷을 잘 갖추어 입다.
▪ **옷차림**
　옷을 입은 모양.
▪ **차림새**
　옷을 입어서 꾸민 모양새.
▪ **옷맵시(= 맵시)**
　옷을 입은 모양새.

오, 멋져!

양말을 빨라고 했더니.

어이쿠, 양말을 입으로 빨면 어떡해.

옷의 때를 없애는 것은 뭘까?

(옷을 빨다 | 옷을 짜다)

양말이나 옷이 더러워지면 빨아야지.

옷을 빨아 깨끗하게 하는 일은?

(빨래 | 걸레)

빨래한 옷은 물기를 짜야 돼.

빨래를 짜 다.

물기를 다 짰으면 빨랫줄에 널어야지.

빨래를 널 다.

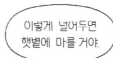

이렇게 널어두면 햇볕에 마를 거야.

옷이 다 말랐으면 걷어야 해.

빨래를 걷 다.

걷은 옷은 차곡차곡 개야 해.

빨래를 개 다.

우리는 다 컸으니까 빨래하는 엄마를 도와드리자.

엄마가 빨래를 걷어 오셨어. 조비는 뭘 해야 할까? (   )

① 빨래를 널다   ② 빨래를 개다

[옷을] 빨다

- **옷을 빨다**
  더러운 옷을
  깨끗하게 하다.
- **빨래**
  더러운 옷이나 천을
  물에 빨아 깨끗하게
  하는 것.
- **옷을 짜다**
  누르거나 비틀어
  물기를 없애다.
- **옷을 널다**
  섯은 섯을 말리기 위해
  펼쳐 놓다.
- **옷을 걷다**
  널거나 펼친 것을 모아
  치우다.
- **옷을 개다**
  겹치거나 포개어 겁디.

> 정답 106쪽

어휘 확인

1 서로 어울리는 것끼리 짝 지으세요.

끼다   쓰다   신다   입다

---

2 '벗다'와 어울리지 <u>않는</u> 그림을 찾아 주세요. (   )

① 옷을 벗다

② 옷맵시를 자랑하다

③ 신발을 벗다

④ 장갑을 벗다

3 그림을 보고 빨래하는 순서대로 〇 안에 번호를 써 주세요.

( ) 빨래를 걷다

(1) 빨래를 빨다

(4) 빨래를 개다

( ) 빨래를 널다

4 다음 빈칸에 있는 글씨를 예쁘게 따라서 써 보세요.

· 옷을 입다

· 양말을 신 다

· 모자를 벗 다

· 장갑을 끼다

5 다음 빈칸에 알맞은 말을 예쁘게 써 보세요.

· 놀 때는 놀기 편한 [ ] 차림.

· 때와 장소에 맞게 옷을 차려 [ ] 다.

옷

옷이 들어간 낱말

옷이 들어간 낱말에는 무엇이 있을까?

초비랑 예쁘가 옷장의 옷을 모두 어지러뜨렸어.

맞는 말에 O표 하기!

옷을 넣어 두는 곳은? (옷장 | 옷감)

옷을 어디에 걸어 두지? (목걸이 | 옷걸이)

그런데 옷은 무엇으로 만들지? (옷감 | 단감)

옛날 장군들이 입던 쇠로 된 옷은? (갑옷 | 겉옷)

한 벌, 두 벌!

하하, 초비가 또 엉뚱한 생각을 하고 있네.

벌은 옷을 세는 단위야.

옷을 셀 때는 한 개, 두 개 세지 않고

한 벌, 두 벌 이렇게 세지.

새 옷도 시간이 지나면 작고 낡은 헌 옷이 돼.

새로 생긴 (새 옷 | 헌 옷)은 아껴 입고,

작아져서 못 입게 된 (새 옷 | 헌 옷)은 나눠 입자.

혹시, 아나바다라는 말 들어 봤니?

'아껴 쓰고, 나눠 쓰고, 바꿔 쓰고, 다시 쓰자'라는 운동이야.

옷

- **옷감**
  옷을 만드는 천.
- **옷걸이**
  옷을 걸어 두는 물건.
- **벌**
  옷을 세는 단위.

> 정답 106쪽

옷	옷장, 옷걸이, 옷감, 갑옷 옷을 셀 때는 한 벌, 두 벌, 세 벌

소매에 뭐가 묻었다.

소매에 뭐가 묻었다는데,

바지를 보면 어떡해.

소매는 옷에서 팔이 들어가는 부분이야.

그럼 소매가 없는 옷은?

민 소 매

이제 옷의 각 부분 이름을 알아보자.

아래의 보기에서 번호를 찾아 알맞은 곳에 넣어 봐.

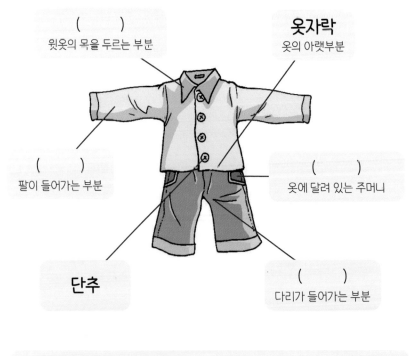

( )

윗옷의 목을 두르는 부분

옷자락

옷의 아랫부분

( )

팔이 들어가는 부분

( )

옷에 달려 있는 주머니

단추

( )

다리가 들어가는 부분

① 옷깃   ② 호주머니   ③ 소매   ④ 가랑이

옷의 부분

■ 소매
윗옷에서 두 팔을
넣는 부분.

■ 민소매
소매가 없는 윗옷.

■ 옷깃
윗옷에서 목둘레에
길게 덧붙인 부분.

■ 단추
옷에서 벌어진 양쪽을
여미려고 다는 작고
둥근 물건.

■ 옷자락
옷에서 아래로 길게
늘어진 부분.

■ 가랑이
바지에서 다리가
들어가는 부분.

내의만 입고
돌아다니면
어떡해!

속에 입는 옷은 내의,

비가 올 때 입는 옷은 우의,

옷을 벗는 것은 탈의.

여기서 '의'는 모두 옷을 뜻하는 한자야.

옷 의(衣).

衣 | 服
옷의 | 옷복

공연할 때 입는 옷은 무대 의상,

흰옷을 즐겨 입은 우리 민족은 백 [의] 민족.

엄마 '체육의'
찾아 주세요.

체육의?

'체육의'라는 말은 없어.

체육 시간에 입는 옷은

체육복이지.

'복' 자도 옷을 뜻하는 한자야.

옷 복(服).

수영할 때 입는 옷은 수영복,

스님이가 고유의 옷은 한 [복]

옷 의(衣), 옷 복(服).

의복은 옷을 가리키는 한자말이야.

- **내의**(內안내 衣)
  겉옷 안쪽에 몸에 직접
  닿게 입는 옷.
- **우의**(雨비우 衣)
  비에 젖지 않게 입는 옷.
- **무대 의상**(舞臺衣裳)
  무대에서 공연할 때
  입는 옷.
- **백의민족**(白衣民族)
  흰옷을 입는 민족.
  우리나라 사람을 가리킴.
- **체육복**(體育服)
  체육 활동을 할 때 입는 옷.
- **수영복**(水泳服)
  수영을 할 때 입는 옷.
- **한복**(韓한국 한 服)
  우리나라 고유 옷.
- **의복**(衣服)
  옷.

> **정답** 106쪽

87

1 서로 어울리는 것끼리 짝 지으세요.

옷장　　　　　　　갑옷　　　　　　　옷걸이

---

2 다음 중 옷장 안에 있는 옷을 맞게 헤아린 사람은? (　　　)

① 다섯 벌

② 네 개

③ 세 벌

④ 두 마리

3 선을 <u>잘못</u> 이은 것을 찾아주세요. (   )

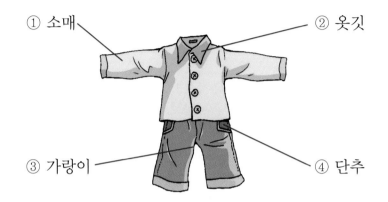

① 소매

② 옷깃

③ 가랑이

④ 단추

---

4 다음 빈칸에 있는 글씨를 예쁘게 따라서 써 보세요.

· 공연할 때 입는 옷은 무대 | 의 | 상 |

· 흰옷을 즐겨 입은 우리 민족은 | 백 | 의 | 민족

---

5 다음 빈칸에 알맞은 말을 예쁘게 써 보세요.

· 체육 시간에 입는 옷은 체육 [ ]

· 수영할 때 입는 옷은 수영 [ ]

우리 몸을 보호해 주는 옷

옷은 추위와 위험에서 몸을 보호하려고 입기 시작했어.

옷을 입지 옷은 몸은 알몸, 맨몸.

옷은 우리 몸을 추위와 위험으로부터 보호해 줘.

하지만 요즘엔 몸을 멋있게 보이려고 옷을 입어.

몸을 멋있게 보이려고 꾸미는 건 (몸단장 | 몸뚱이)

몸을 낮추어 부르는 말은 몸뚱이.

몸

- **맨몸(= 알몸)**
  아무것도 입지 않은 몸.
- **몸단장**
  보기 좋고 단정하게
  차려입는 것.
- **몸뚱이**
  몸을 낮추어 부르는 말
- **몸집(= 덩치)**
  몸의 부피.
- **몸놀림**
  몸의 움직임.

원시인이 멧돼지를
너무 많이 잡아먹었나 봐.
몸집이 너무 커져서
몸놀림이 둔해졌어.

몸의 크기는   •   • 몸집

몸의 움직임은   •   • 몸놀림

몸집은 다른 말로 덩치라고도 해.

몸집이 크면 몸이 무게도 많이 나가겠지?

몸의 무게는 (몸무게 | 몸놀림)

> **정답** 106쪽

몸   알몸, 맨몸, 몸단장, 몸뚱이, 몸집, 몸놀림

옷이 작아지다니, 그럴 리가!

초비가 살이 쪄서 옷이 안 맞는 거야.

몸에서 뼈를 감싸고 있는 부분은 살.

살이 많아지는 건 •		• 살찌다
살이 적어지는 건 •		• 살 빠지다

살을 감싸고 있는 겉은 (살갗 | 새살)

살갗은 우리 몸을 보호해 주고,

옷은 살갗을 지켜 주지.

새살은 상처가 난 자리에 새로 돋아나는 살이야.

옷에도 주름이 있고,
할머니 얼굴에도 주름이 있네.

쭈글쭈글 구깃구깃한 게 주름이야.

나이가 들면 얼굴에도 주름이 생기지.

얼굴에 생기는 주름은 •		• 주름살
이마에 생기는 주름살은 •		• 이맛살

살

살
몸에서 뼈를 둘러싸고 있는 부드럽고 말랑말랑한 부분.

살찌다
몸에 살이 많아지다.

살 빠지다
몸에 살이 적어지다.

살갗
살의 바깥 부분.

새살
상처가 난 데에 새롭게 돋는 살.

주름살
늙어서 얼굴에 생기는 잔줄.

이맛살
이마를 찡그릴 때 생기는 주름살.

신장, 120cm.

신장?

초비는 신장이라는 말을 모르나 봐.
신장은 키를 뜻하는 한자말이야.
키가 큰 사람은 장신,
키가 작은 사람은 단신.

신장, 장신, 단신의 '신'은 모두
'몸'을 뜻하는 한자야. 몸 신(身).

身	體
몸 신	몸 제

몸이 검교양이나 태도를 비꾸는 건 · · 전신
몸 진세를 부르는 밀은 · · 변신

- **신장**(身長길다 장)
  키.
- **장신**(長身)
  큰 키.
- **단신**(短짧다 단 身)
  작은 키.
- **전신**(全전체 전 身)
  온몸.
- **변신**(變변하다 변 身)
  몸의 모양이나 태도를
  바꿈.
- **체중**(體 重무게 중)
  몸무게.
- **체온**(體 溫온도 우)
  몸의 온도.
- **신체검사**
  몸의 상태를 알아보기
  위해 하는 검사.

몸을 뜻하는 다른 한자도 있어.
몸 체(體).

체중 30kg.

체중은
또 뭐야?

몸의 무게는 · · 체온
몸의 온도는 · · 체중

몸 신(身), 몸 체(體).
사람의 몸은 한자말로 신체야.
우리 몸이 쑥쑥 잘 자라고 있는지
몸의 여러 부분을 검사하는 건 신체검사.

〉 **정답** 106쪽

93

어휘 확인

1 빈칸에 공통으로 들어갈 말은 무엇일까요? (　　　)

알□으로 사냥을 하니까 다치지.

옷이 □을 보호해 주는구나.

헥헥! 거기 서!

그 □집으로 날 잡겠다고?

① 신(身)　② 체(體)　③ 살　④ 몸

---

2 서로 어울리는 것끼리 짝 지으세요.

몸단장 •　　　　　• 옷을 입지 않은 몸

몸놀림 •　　　　　• 몸의 크기

몸집 •　　　　　• 몸의 움직임

알몸 •　　　　　• 몸을 꾸미는 것

3 빈칸에 공통으로 들어갈 말을 오른쪽에 바르게 써 보세요.

1) □장, 120cm.

□장?

2) 난 단□.

난 장□.

---

4 다음 빈칸에 있는 글씨를 예쁘게 따라서 써 보세요.

· 몸집이 너무 커져서 몸 놀 림 이 둔해졌어.

· 옷을 입지 않은 몸은 알몸, 맨 몸

---

5 다음 빈칸에 알맞은 말을 예쁘게 써 보세요.

· 몸의 상태를 조사하는 일은 ☐ 제검사

· 몸무게는 체중, 몸의 온도는 ☐ 온

신발

여러 가지 신발

모든 신발은 다 짝이 있어.

신발도 여러 가지가 있어.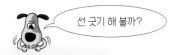

선 긋기 해 볼까?

고무로 만든 신발은   •   • 짚신

짚으로 만든 신발은   •   • 가죽신

가죽으로 만든 신발은 •   • 고무신

그럼 신발을 넣어 가지고 다니는 주머니는? (   )

① 호주머니   ② 신발주머니

신발을 정리해 두는 곳은 **신발장**.

신발장에 신발이 몇 켤레 있는지 세어 보자.

한 켤레,

두 켤레,

세 켤레,

어? 하나는 **짝**이 없네?

신발의 짝이 되는 두 개가 **한 켤레**.

짝이 없는 신발 하나는 **한 짝**이야.

신발장에는 신발 (   ) 켤레와 (   ) 짝이 늘어 있어.

신발

- **짚신**
  짚으로 만든 신.
- **가죽신**
  가죽으로 만든 신.
- **나막신**
  나무를 파서 만든 신.
- **꽃신**
  꽃무늬로 곱게 꾸민 신.
- **고무신**
  고무로 만든 신.
- **신발장**
  신발을 한데 넣어 두는
  가구.
- **켤레**
  신발을 세는 단위.
- **짝**
  둘이 함께 어울려
  한 켤레를 이룰 때
  그 둘 중의 하나.

> **정답** 107쪽

| 신발 | 신발을 넣어 두는 곳은 **신발장**
신발을 세는 단위는 **켤레** |

하하, 초비가 신발 가게 아저씨 말을
오해했구나. 얼굴의 볼이 아니라
신발의 볼을 말하는 거야.

신발에도 볼이 있다고?
신발의 여러 부분을
뭐라고 하는지 알아보자.

아래의 보기에서 번호를 찾아 알맞은 곳에 넣어 봐.

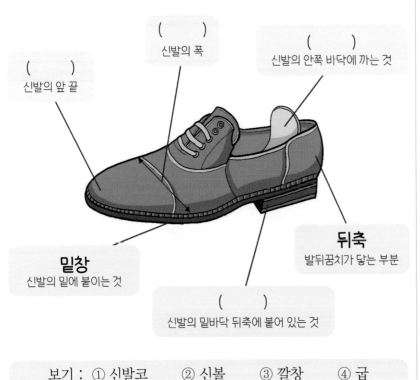

( )
신발의 폭

( )
신발의 안쪽 바닥에 까는 것

( )
신발의 앞 끝

뒤축
발뒤꿈치가 닿는 부분

밑창
신발의 밑에 붙이는 것

( )
신발의 밑바닥 뒤축에 붙어 있는 것

보기 : ① 신발코   ② 신볼   ③ 깔창   ④ 굽

신발의 부분

- **신볼**
  신발의 폭.
- **신발코**
  신발에서 오뚝하게
  튀어나온 앞부분.
- **깔창**
  신발의 안쪽 바닥에
  까는 물건.
- **뒤축**
  신발에서 발뒤꿈치가
  닿는 부분.
- **굽**
  신발의 밑바닥 뒤축에
  붙은 것.
- **밑창**
  신발의 밑에 붙이는 것.

언제 클래?

키가 큰 장화가

키 작은 단화를 놀리고 있어.

목이 긴 신발은 장화,

목이 발목 아래로 오는

짧은 구두는 단화.

장화, 단화의 '화'는 신발을 뜻하는 한자야.

신 화(靴).

운동할 때 신는 신발은 운동화.

등산할 때 신는 신발은 등산[　].

어울리는 것끼리
선을 그어 봐.

건물 안에서 신는 신발은 　•　　　　•　군화

군인 아저씨가 신는 신발은 　•　　　　•　실내화

우리 가족 모두 백화점에 신발을 사러 갔어.

어? 엄마 신발, 아빠 신발, 우리 신발

모두 이름이 달라.

엄마 •　　　•신사화

아빠 •　　　•숙녀화

초비 •　　　•아동화

靴
신발 하

- **장화**(長 길다 장 靴)
  가죽이나 고무로 만들어 발목
  위로 길게 신는 신.
- **단화**(短 짧다 단 靴)
  발목 아래로 짧게 신는 신.
- **운동화**(運動靴)
  운동할 때 신는 신.
- **등산화**(登 오르다 등 山靴)
  산에 오를 때 신는 신.
- **실내화**(室 방 실 內靴)
  방이나 건물 안에서
  신는 신.

> 정답 107쪽

99

어휘 확인

1 서로 어울리는 것끼리 짝 지으세요

　　　•　　　　　　•　　　　　　•

　　　•　　　　　　•　　　　　　•

　　짚신　　　　　가죽신　　　　고무신

---

2 다음 중 신발장 안에 있는 신발을 맞게 헤아린 사람은? (　　　)

①　세 개 반.

②　일곱 개.

③　세 켤레와 한 짝.

④　세 켤레.

100

3 선을 잘못 이은 것을 찾아 주세요. (   )

① 깔창
② 신발코
③ 굽
④ 신볼

4 다음 빈칸에 있는 글씨를 예쁘게 따라서 써 보세요.

· 운동할 때 신는 신발은 | 운 | 동 | 화 |

· 실내에서 신는 신발은 | 실 | 내 | 화 |

5 다음 빈칸에 알맞은 말을 예쁘게 써 보세요.

아동 □   신 □ 화   숙 □ 화

관찰 일기를 읽고, 문제를 풀어 보세요.

콩나물 관찰 일기

3월 1일   동그랗고 노란 콩을 물이 잘 빠지는 그릇에 담고 물을 주었다.

3월 3일   콩에서 싹이 났다.

3월 5일   싹이 쑥쑥 자라 콩나물이 됐다.

1 콩은 어떤 모양인지 찾아 ○ 하세요.

2 이 글을 읽고 알 수 있는 사실은 무엇일까요? (   )

① 콩에서 싹이 나서 콩나물이 됐다.

② 콩을 심은 지 일주일 뒤에 싹이 났다.

3 나만의 관찰 일기를 써 보세요.

물건 이름

물건의 색과 모양

물건의 쓰임새

소개 글을 읽고, 문제를 풀어 보세요.

> 제 동생을 소개합니다.
> 제 동생 이름은 윤재입니다. 동생은 저와 얼굴이 닮았지만, 저랑 다르게
> 노래를 못합니다. 엄청난 <u>음치</u>입니다. 그래도 저는 동생을 좋아합니다.

1 **빈칸에 들어갈 낱말을 찾아 써 보세요.**

이 글은 동생을 □□하는 내용이에요.

2 **이 글을 읽고 맞는 것에 O표, 틀린 것에 X표 하세요.**

1) 동생의 이름은 요재다. (　　　)

2) 윤재는 노래를 잘 부른다. (　　　)

3) 동생은 글쓴이를 싫어한다. (　　　)

3 **밑줄 친 '음치'의 뜻은 무엇일까요? (　　　)**

① 노래를 잘한다.

② 노래를 못한다.

4 **우리 가족을 소개하는 글을 써 보세요.**

정답

먹다

기본 어휘 · 7

■ 익혀, 식혀, 데워, 나눠

■ (연결 문제)
사과는 껍질을 → 벗겨 먹어
딸기는 물에 → 씻어 먹어
바나나는 껍질을 → 까서 먹어

확장 어휘 · 8~9

■ (연결 문제)
사람들이 먹을 수 있는 건 → 먹보
사람이 아닌 동물들이 먹는 건 → 먹을거리
많이 먹는 사람을 놀리는 말은 → 먹이

■ 먹을

어휘 확인 · 10~11

❶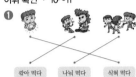
깎아 먹다 / 나눠 먹다 / 식혀 먹다

❷ ② 먹물
먹물의 '먹'은 검다는 뜻이야.

❸ 먹

❺ 먹자골목, 마음먹기

입

기본 어휘 · 13

■ (연결 문제)
이가 있어야 → 음식의 맛을 알 수 있어.
잇몸이 있어야 → 음식을 흘러지 않고 먹을 수 있어.
혀가 있어야 → 음식을 꼭꼭 씹어 먹을 수 있어.
입술이 있어야 → 이가 튼튼하게 서 있을 수 있어.

■ 입가심, 입맛, 맨입

확장 어휘 · 14~15

■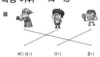
빠드렁니 / 벗니 / 충니

■ 충치, 양치, 치과

어휘 확인 · 16~17

❶ 1) ○ 2) ○ 3) × 4) ○

❷ ②

❺ 양치, 입가심

❸ 치과 양치 멸치 / 망치 치약 음지 / 김치 참치 충치

식(食)

기본 어휘 · 19

■ 식사, 식탁, 식기, 식수, 식용유

■ (연결 문제)
사람을 잡아먹는 인종은 → 식중독
상한 음식을 먹으면 걸리는 병은 → 식인종

확장 어휘 · 20~21

■ (연결 문제)
내가 좋아하는 고기만 먹어지 → 과식
맛있는 볶음밥, 배가 터지도록 먹어지 → 편식

■ (연결 문제)
밥을 많이 먹는 건 → 과음
술을 많이 먹는 건 → 과식

■ 음주 유서

어휘 확인 · 22~23

❶
식탁 / 식수 / 식기

❷

❸ ④ 식목일
식목일의 '식'은 '심다 식(植)'이야.

❺ 편식, 과음

밥

기본 어휘 · 25

■ (연결 문제)
보리로만 지은 밥은 → 오곡밥
옥수수로 지은 밥은 → 옥수수밥
다섯 가지 곡식으로 지은 밥은 → 콩보리밥

■ 감자는 오곡이 아니야.
■ 오곡 ■ 밥을 짓다.

확장 어휘 · 26~27

■ 반찬
■ 반찬거리
(연결 문제)
국을 끓일 때 중요한 → 국거리
반찬을 만들 때 중요한 → 찌개거리
찌개를 끓일 때 중요한 → 반찬거리

■ (연결 문제)
고기로 만든 반찬은 → 밑반찬
국물 없이 만든 반찬은 → 마른반찬
오래 두고 먹는 반찬은 → 고기반찬

■ 간식거리, 안줏거리, 김칫거리
■ ① 주전부리와 비슷한 말이야.

어휘 확인 · 28~29

❶ 눈칫밥

❸ 거리

❺ 군것질, 반찬

❷
반찬 / 밥 / 찌개

어휘랑 놀자 · 30

(퍼즐)
먹자골목 / 밑반찬 / 양치 / 식인종
육식동물 / 먹이 / 마른반찬 / 치약
치과 / 편식 / 마음먹다 / 국
찌개 / 충치 / 음식 / 나눠먹다

보다

기본 어휘 · 33

■ 엿보다
■ 살펴보다
■ ①째려보다 / ②흘겨보다

■ (연결 문제)
몰래 엿보는 건 → 둘여다보다
안에서 밖을 보는 건 → 훔쳐보다
밖에서 안을 보는 건 → 내다보다

확장 어휘 · 34~35

■ 깔보다
■ 시청
■ 감시

■ (연결 문제)
부끄러워 다른 사람을 볼 수 없는 건 → 깔보다
상대를 우습게 보는 건 → 볼 낯이 없다

■ ②시력 검사

어휘 확인 · 36~37

❶ ④ 단비는 초비보다 키가 크다
여기서 '보다'는 비교할 때 쓰는 말이야.

❸ 시계
시계의 '시'는 보다 시가 아니라,
'때 시(時)'야.

❷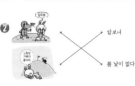
알보니 / 볼 낯이 없다

❺ 내다보다

눈

기본 어휘 · 39

- ① 눈썹, ② 눈동자

- 눈꺼풀이 두 개면 쌍꺼풀
  눈으로 보는 웃음은 눈웃음
  실처럼 가늘게 뜬 눈은 실눈

확장 어휘 · 40~41

- 길눈
- 안과
- 안약
- 천리안
- 눈짐작

- 눈을 치료하는 병원은 ── 안경
  눈이 나쁘면 쓰는 것은 ── 안과

어휘 확인 · 42~43

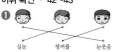

실눈   쌍꺼풀   눈웃음

②

눈동자	눈사람	눈초리
눈보라	길눈	함박눈
눈대중	진눈깨비	눈썹미

❸ 안

❺ 눈짐작, 안과

모양

기본 어휘 · 45

- 규으
- 끊으

- 곡선 ── 끝다
  직선 ── 끝나

- 가운데가 불룩 튀어나오면 ── 울퉁불퉁한 모양
  가운데가 움푹 들어가면 ── 평평한 모양
  겉이 울퉁불퉁하면 ── 볼록한 모양
  겉이 고르고 판판하면 ── 오목한 모양

확장 어휘 · 46~47

- ① 닮은꼴
- 꼴불견

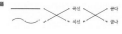

- 세모는 한자말로 ── 사각형
  네모는 한자말로 ── 삼각형

- 눈의 모양은 ── 꼴에
  몸의 모양은 ── 눈매

  부채꼴   사다리꼴   네모꼴

어휘 확인 · 48~49

❶
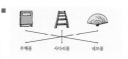
울퉁불퉁하다   볼록하다   오목하다

② ③

❸ 1) 세모꼴 2) 부채꼴 3) 사다리꼴

❺ 오목, 볼록

색

기본 어휘 · 51

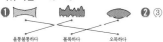

노란색 빨간색 주황색 파란색 남색 보라색 초록색

- 여러 가지 색깔의 연필은 ── 색종이
  여러 가서 색갈에 풍이는 ── 색연필

- 새동오

확장 어휘 · 52~53

- 피부가 검은 인종은 ── 흑인종
  피부가 하얀 인종은 ── 백인종
- 백발, 백지
- 청신호
- 청년
- 황사, 황인종
- 무지개 빛깔 중 하나인 진한 녹색은 ── 초록색
  녹색 빛이 그대로 나도록 말린 찻잎은 ── 녹차

어휘 확인 · 54~55

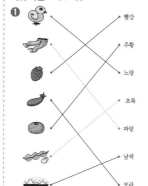

빨강
주황
노랑
초록
파랑
남색
보라

② ①

④ 색연필, 색종이

어휘랑 놀자 · 56

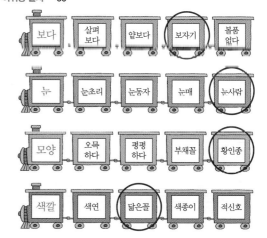

보다	살펴보다	얕보다	(보자기)	볼품없다
눈	눈초리	눈동자	눈매	(눈사람)
모양	오목하다	평평하다	부채꼴	(황인종)
색깔	색연	(닮은꼴)	색종이	적신호

듣다

기본 어휘 · 59

- 다른 사람의 말을 대충 듣는 건 ── 귀기울이다
  다른 사람의 말을 집중 기울여 듣는 건 ── 흘려듣다

- 장난이나 거짓말인지 귀기울여 듣는 건 ── 귀여겨듣다
  다른 사람이 집은 소리도 듣는 건 ── 엿들어내

확장 어휘 · 60~61

- 같은 말을 여러 번 듣는 건 ── 모듯으로 듣다
  다른 사람 말을 흘려듣는 건 ── 귀가 따갑게 듣다

- 텔레비전을 보고 들어서 ── 청취
  하라고나 듣기가야 한다면 ── 시청

- 칩취기

- ① 우기 교에 시니 ㅅ기른 ... 는는 기구야.

어휘 확인 · 62~63

❶
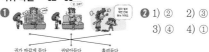
귀가 따갑게 듣다   귀담아듣다   흘려듣다

② 1) ②   2) ③
   3) ④   4) ①

❸ 청

❺ 새겨듣다, 곧이듣다

귀

기본 어휘 · 65

■ 귀지 ─── 소리가 잘 들리도록 모아 줘
  귀청 ─── 소리가 울리는 고막의 다른 이름
  귓바퀴 ─── 귀 속에 먼지가 뭉쳐 생긴 거야

■ 귓불

확장 어휘 · 66～67

■ 자면서도 잘 듣는 귀는? ─── 밝귀
  남의 말을 잘 알아듣는 귀는? ─── 공귀

■ 귀가 좋아 소리를 잘 듣는 것은 ─── 귀가 어둡다
  귀가 나빠 소리를 잘 못 듣는 것은 ─── 귀가 밝다

어휘 확인 · 68～69

❶ ① 귓불은 귀고리가 달려 있는 부분이야. ①은 귀지.

❷ 1) ③ 2) ② 3) ④ 4) ①

❸ 귀   ❺ 귀가 밝다, 귀가 어둡다

소리

기본 어휘 · 71

■ 소리

확장 어휘 · 72～73

■ 소리가 안 들리도록 조심하는 건 ─── 소리 내다
  소리가 들리게 하는 건 ─── 소리를 죽이다

■ 음성

■ 음치, 방음

어휘 확인 · 74～75

❶  ─── 드르렁 쿨쿨
        ─── 냠냠 쩝쩝
        ─── 야옹

❷ 1) ② 2) ④
  3) ① 4) ③

❸ 음

어휘랑 놀자 · 76

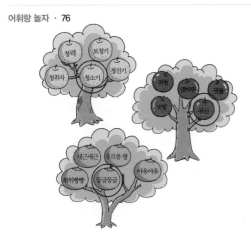

• 배나무에는 '청소기' 빼고 모두 '듣다 청' 자가 들어간
  낱말 열매들이 열렸어요.

• 사과나무에는 '귀신' 빼고 모두 귀의 여러 부분을 말하는
  낱말 열매들이 열렸어요.

• 감나무에는 '둥글둥글' 하나만 빼고 모두 '소리'를 흉내
  내는 낱말 열매들이 열렸어요.

입다

기본 어휘 · 79

■ 속옷, 겉옷, 겹옷, 옷은 모두 ─── 끼다
  양말이나 신발은 모두 ─── 쓰다
  모자나 가발은 모두 ─── 신다
  장갑이나 반지는 모두 ─── 입다

■ 차다, 두르다

확장 어휘 · 80～81

■ ① 차림새
■ ② 옷맵새
■ 옷을 빨다

■ 빨래
■ ② 빨래를 개다

어휘 확인 · 82～83

❶ 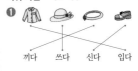 끼다 쓰다 신다 입다

③ 빨래를 걷다 ① 빨래를 빨다
④ 빨래를 개다 ② 빨래를 널다

❷ ② 옷맵시를 자랑하다   ❺ 옷차림, 차려입다

옷

기본 어휘 · 85

■ 옷장, 옷걸이, 옷감, 갑옷   ■ 새 옷, 헌옷

확장 어휘 · 86～87

■
  ① 옷깃
  옷자락 옷의 아랫부분
  ③ 소매
  ② 호주머니
  단추
  ④ 가랑이

어휘 확인 · 88～89

❶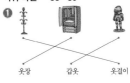
  옷장 갑옷 옷걸이

❷ ④옷을 셀 때는 '～벌'이라고
  하는 거야.
❸ ④는 단추가 아니라
  호주머니야.
❺ 체육복, 수영복

몸

기본 어휘 · 91

■ 몸단장
■ 몸무게

■ 몸의 크기는 ─── 몸집
  몸의 움직임은 ─── 몸놀림

확장 어휘 · 92～93

■ 살이 많아지는 건 ─── 살찌다
  살이 적어지는 건 ─── 살 빠지다

■ 얼굴에 생기는 주름은 ─── 주름살
  이마에 생기는 주름살은 ─── 이맛살

■ 살갗 ■ 몸의 걸모양이나 태도를 바꾸는 건 ─── 전신
         몸 전체를 부르는 말은 ─── 변신

  ■ 몸의 무게는 ─── 체온
    몸의 온도는 ─── 체중

어휘 확인 · 94~95

❶ ④ 몸
❸ 신
❺ 신체검사, 체온

❷
몸단장	옷을 입지 않은 몸
몸놀림	몸의 크기
몸집	몸의 움직임
알몸	몸을 꾸미는 것

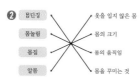
신발

기본 어휘 · 97

■
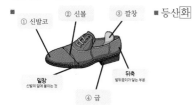
고무로 만든 신발은 ── 짚신
짚으로 만든 신발은 ── 가죽신
가죽으로 만든 신발은 ── 고무신

■ ② 신발주머니
■ (세) 켤레와 (한) 짝

확장 어휘 · 98~99

① 신발코 ② 신볼 ③ 깔창
일창
신발의 일에 붙이는 것
뒤축
발뒤꿈치가 닿는 부분
④ 굽

■ 등산화

■ 집안 안에서 신는 신발을 ── '구두'
근식 아저씨가 신는 신발은 ── '실내화'

■ 구두 ── 신사화
아동 ── 아동화
초비 ── 아동화

어휘 확인 · 100~101

❶
짚신   가죽신   고무신

❷ ③ 세 켤레와 한 짝
❸ ④
❺ 아동화, 신사화, 숙녀화

생각이 톡톡 1 · 102

❶ ⭕ ⬛ 🔺
❷ ① 콩에서 싹이 나서 콩나물이 됐다.

❸ 예시
물건 이름	엄마의 안경
물건의 색과 모양	검은색, 동그라미
물건의 쓰임새	엄마가 책을 볼 때 쓴다

생각이 톡톡 2 · 103

❶ 소개
❷ 1) ○ 2) × 3) ×
❸ ② 노래를 못한다.
❸ 예시
우리 가족 풍풍이를 소개합니다
풍풍이는 하얀 털을 가진 강아지입니다.
풍풍이는 산책을 제일 좋아합니다.

예비 1단계 완료!

예비 2단계로 출발!

107

문해력 잡는 초등 어휘력 예비 단계 **1**

글 채희태 윤대영 이성림 이은아 김진철
그림 두리안

1판 1쇄 인쇄 2025년 1월 16일
1판 1쇄 발행 2025년 1월 31일

펴낸이 김영곤 **펴낸곳** ㈜북이십일 아울북
프로젝트2팀 김은영 권정화 김지수 이은영 우경진 오지애 최윤아
아동마케팅팀 명인수 손용우 양슬기 이주은 최유성
영업팀 변유경 한충희 장철용 강경남 김도연 황성진
표지디자인 박시영 임빈시

출판등록 2000년 5월 6일 제406-2003-061호
주소 (우 10881) 경기도 파주시 문발동 회동길 201
연락처 031-955-2100(대표) 031-955-2122(팩스)
홈페이지 www.book21.com

ⓒ ㈜북이십일 아울북, 2025

ISBN 979-11-7357-037-7
ISBN 979-11-7357-036-0(세트)

KC	• 제조자명 : ㈜북이십일	• 제조연월 : 2025. 01. 31.
	• 수소 : 경기도 파주시 회동길 201(문발동)	• 제조국명 : 대한민국
	• 전화번호 : 031-955-2100	• 사용연령 : 3세 이상 어린이 제품